¡DIME!

DOS

¡A practicar!

Cuaderno

McDougal Littell
Evanston, Illinois Boston • Dallas

Illustration Credits

Gavin Bishop
Diana Bryan
Randall Enos
Ruth J. Flanigan
Judy Love
Joan E. Paley
Jennifer D. Paley
Cyndy Patrick
Marcy Ramsey
Cortney Skinner
Joe Veno
Anna Vojtech

Production and Design

UpperCase, Inc.

Printed in the United States of America.

International Standard Book Number: 0-669-44885-0

9 10 11 12 -DBH- 03 02 01

Contenido

Unidad 1 — 1

Unidad 2 — 13

Unidad 3 — 25

Unidad 4 39

Unidad 5 53

Unidad 6 65

Manual de gramática

Nombre ______________________________ Fecha ______________

Unidad 1, Lección 1

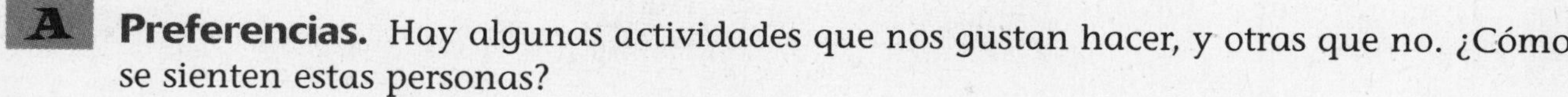

A **Preferencias.** Hay algunas actividades que nos gustan hacer, y otras que no. ¿Cómo se sienten estas personas?

MODELO a mi papá: (no) gustar / en el verano
A mi papá no le gusta hacer ejercicio en el verano.

1. a mí: gustar / el tango

____

____

2. a Gilberto: encantar / en las fiestas de sus amigos

____

____

3. a Gabriel y Mónica: encantar / para su familia

____

____

4. a ti: gustar / en casa

____

____

5. a nosotros: encantar / discos compactos más populares del momento

____

____

6. a ustedes: (no) gustar / los fines de semana

____

____

Nombre ______________________ Fecha ______________

B **Por la tarde.** ¿Qué hacen estas personas por la tarde, después del colegio o del trabajo?

1. el entrenador / leer revistas / sobre la salud y el ejercicio
   ____
2. mi papá y mamá / lavar las ventanas / de la casa
   ____
3. mis hermanas / escribir una composición / para la clase de inglés
   ____
4. yo / comerme una hamburguesa / con papas fritas
   ____
5. tú / ver una telecomedia / en la tele
   ____
6. ustedes / asistir a la clase / de ejercicios aeróbicos
   ____
7. nosotros / participar en el partido de fútbol / entre los profesores y los estudiantes
   ____

C **Viajero.** Tú vives en Nueva York y un amigo de California viene a visitarte. Siempre te está preguntando qué hora es porque su reloj todavía da el tiempo de California. Hay tres horas de diferencia. ¿Qué te pregunta y qué le respondes?

a.m.

MODELO *Tu amigo:* **En California son las nueve en punto. ¿Qué hora es aquí?**
Tú: **Son las doce.**

a.m.

1. ***Tu amigo:*** ______________________
   Tú: ______________________

p.m.

2. ***Tu amigo:*** ______________________
   Tú: ______________________

p.m.

3. ***Tu amigo:*** ______________________
   Tú: ______________________

p.m.

4. ***Tu amigo:*** ______________________
   Tú: ______________________

p.m.

5. ***Tu amigo:*** ______________________
   Tú: ______________ Por favor, ¡cambia tu reloj!

Nombre ______________________________ Fecha ______________

D **Entrevista.** Eres reportero(a) para el programa ***¡Conoce a las estrellas!*** ¡Vas a entrevistar a tu favorito actor hispano! Para prepararte, escribe todas tus preguntas.

1. ¿__________ vive usted actualmente?
2. ¿__________ hermanos tiene?
3. ¿__________ empezó a actuar?
4. ¿__________ decidió hacerse actor?
5. ¿__________ empezó su carrera de actor?
6. ¿__________ es su película favorita?
7. ¿__________ es su director preferido?
8. ¿__________ le gusta hacer para descansar?
9. ¿__________ va después de la entrevista?

E **Mi ciudad.** Lee la ***Introducción a El Paso*** que narra Martín en las páginas 4 a 6 en tu libro de texto. ¿Puedes escribir tú una descripción de tu ciudad, tus amigos y tus pasatiempos? Si tienes fotos, ponlas aquí.

Mi ciudad

Mis amigos y yo

Mi pasatiempo favorito

Nombre ______________________ Fecha ______________

Vocabulario activo

Sustantivos
el correo *mail*
el cuadrado *square*
la cuadrícula *a pattern of squares*
la lista *list*
el medio de transporte *means of transportation*
los nachos *nachos (tortilla chips with cheese and chilis)*
la personalidad *personality*
la preferencia *preference*
la pregunta *question*
la rutina *routine*
el talento *talent*
la vida *life*

Verbos
acabar (de) *to have just*
aprovechar *to profit by; to take advantage of*
asistir a *to attend*
cantar *to sing*
gozar *to enjoy*
nadar *to swim*
viajar *to travel*
vivir *to live*

Adjetivos
largo(a) *long*
listo(a) *ready*
negativo(a) *negative*
positivo(a) *positive*

Palabras y expresiones
¡Aguafiestas! *wet blanket; party pooper*
el (la) amigo(a) por correspondencia *pen pal*
echar de menos *to miss*
Fue un placer. *Pleased to meet you.*
hacer preguntas *to ask questions*
la semana que viene *next week*
Nos vemos. *See you later.*
¿Qué hay de nuevo? *What's new?*
tener ganas de *to feel like, to have a mind to*
Te toca a ti. *It's your turn.*

Enriquece tu vocabulario

Palabras compuestas. A compound word is a word made up of two other words. In English, "baseball" is a compound word. Spanish has many compound words. In this lesson, you heard Tina call Martín an "**Aguafiestas**". Since **agua** = *water* and **fiestas** = *parties,* you probably guessed from the context that this compound word meant "wet blanket" or "party pooper." Can you guess what these compound words mean?

1. rompecabezas ______________
2. paraguas ______________
3. altavoz ______________
4. saltamontes ______________
5. rascacielos ______________
6. cortacésped ______________
7. tocacintas ______________
8. matamoscas ______________
9. correcaminos ______________
10. cazaautógrafos ______________

flyswatter
skyscraper
loudspeaker
puzzle
audiocassette player
roadrunner
grasshopper
autograph hunter
umbrella
lawnmower

Nombre ______________________ Fecha ____________

Unidad 1, Lección 2

A **¿Dónde están?** Todos están en un lugar, están haciendo algo, y están de varias condiciones. ¿Dónde están, qué están haciendo y cómo se sienten? Sigue el modelo.

MODELO (ella) fiesta / bailar / contento
Está en una fiesta. Está bailando. Está contenta.

1. (él) clase de química / tomar examen / nervioso

____

____

2. (ellos) casa / ver programa científico / aburrido

____

____

3. (nosotros) restaurante / comer / tranquilo

____

____

4. (tú) cine / ver película romántica / triste

____

____

5. (yo) hospital / descansar / enfermo

____

____

Nombre ______________________ Fecha ______________

B **¿Qué piensas?** Los amigos y los parientes siempre se comentan alguna u otra cosa. Completa las conversaciones con la forma correcta de los verbos indicados para saber qué se están diciendo.

MODELO –**Quiero** dar una fiesta en mi casa. ¿Qué **piensas**? *(yo: querer; tú: pensar)*
–**Puedes** contar conmigo. *(tú: poder)*

1. –¿________ la ventana? *(yo: cerrar)*
   –Sí, por favor. ________ el silencio. *(yo: preferir)*
2. –¿__________ conmigo? *(tú: almorzar)*
   –Sí, ____________ de hambre. *(yo: morirme)*
3. –¿Tu hermano ___________ temprano? *(él: despertarse)*
   –Sí, y __________ temprano también. *(él: acostarse)*
4. –¿A qué hora __________ la película? *(empezar)*
   –No sé, pero no te preocupes, papá. _________ a casa temprano. *(yo: volver)*
5. –Te __________ triste. *(yo: encontrar)*
   –Sí, _________ mal. *(yo: sentirme)*

C **¡Qué desastre!** La familia de Ofelia sale a comer el domingo por la noche. Pero ¡todo va mal! Es un desastre. Completa su narración para saber qué les pasó.

Mamá y papá deciden que vamos a salir a cenar por la noche. Papá (1)__________ *(vestirse)* de traje y mamá también (2)__________ *(vestirse)* elegantemente. Nosotros (3)____________ *(vestirse)* como siempre.

Nos subimos al carro y allí (4)__________ *(empezar)* la pesadilla *(nightmare)*. Papá (5)_______ *(seguir)* las direcciones de mi tío y (6)___________ *(perderse)*. Por fin llegamos al restaurante, cansados y muertos de hambre.

Esperamos una hora. Papá, furioso,(7)_________ *(conseguir)* la atención del camarero. Él nos (8)________ *(sentar)* en una mesa ruidosa cerca de la cocina. Entonces nos (9)_________ *(repetir)* las especialidades varias veces. Los niños (10)_______ *(pedir)* hamburguesas. El camarero nos (11)___________ *(recomendar)* el bistec y mamá y yo lo (12)__________ *(pedir)*.

Esperamos otra media hora cuando por fin el camarero nos (13)_______ *(servir)* la comida ¡fría! Los niños (14)_______ *(jugar)* con las papas fritas y mamá se enoja. Papá (15)_______ *(perder)* la paciencia y (16)_______ *(pedir)* la cuenta. Nos vamos sin comer, muertos de hambre y ¡frustrados! ¡Qué noche más horrible!

Nombre ______________________ Fecha ______________

D **Armando.** Armando acaba de conocer a un nuevo amigo y le dice muchas cosas. ¿Qué le dice?

1. ______________ al profesor de matemáticas. *(conocer)*
2. ______________ la tarea todos los días. *(hacer)*
3. ______________, "¿quién quiere ayudarme?" y todos corren. *(decir)*
4. ______________ de la casa a las siete de la mañana todos los días. *(salir)*
5. ______________ las noticias en la radio. *(oír)*
6. ______________ mi ropa usada al Goodwill. *(dar)*
7. ______________ mis libros en la mochila. *(poner)*
8. ______________ muy poco dinero en el banco. *(tener)*
9. ______________ la dirección de tu casa. *(saber)*
10. ______________ a visitarte si quieres. *(venir)*
11. ______________ saludos de mi madre. *(traer)*
12. ______________ que te gusta la música de Gloria Estefan. *(ver)*

E **Poema.** Lee el poema de Francisco X. Alarcón en la página 35 de tu libro de texto. ¿Puedes escribir un poema describiendo tu primer día en la escuela? ¿Cómo te sentías? ¿A quién conociste? Usa tu imaginación para recordar las emociones de aquel día tan importante.

Nombre ______________________ Fecha ______________

Vocabulario activo

Regalos
el arete *earring*
el collar *necklace*
el juego *a matching set; game*
la pulsera *bracelet*

Condiciones
estar frustrado(a) *to be frustrated*
estar seguro(a) *to be sure*
muerto(a) de hambre *to be dying of hunger, starving*

Sustantivos
la forma *form, shape*
la impresión *impression*
el impuesto *tax*
la síntoma *symptom*
el (la) vecino(a) *neighbor*

Verbos
contar *to count; to tell, recount*
contestar *to answer*

Adjetivos
completo(a) *complete, whole*
rebajado(a) *reduced, discounted*
venezolano(a) *Venezuelan*

Palabras y expresiones
Déjame ver. *Let me see.*
lo mismo *the same*
¡Qué suerte! *What luck!*

Enriquece tu vocabulario

La calculadora. Do you use a calculator? If Margarita had used a calculator on her shopping trip, which key would she have had to use? Remember that the necklace and earrings she wanted to buy her mother were 20% off. Learn the names of the keys on the calculator, and you will also learn some math vocabulary!

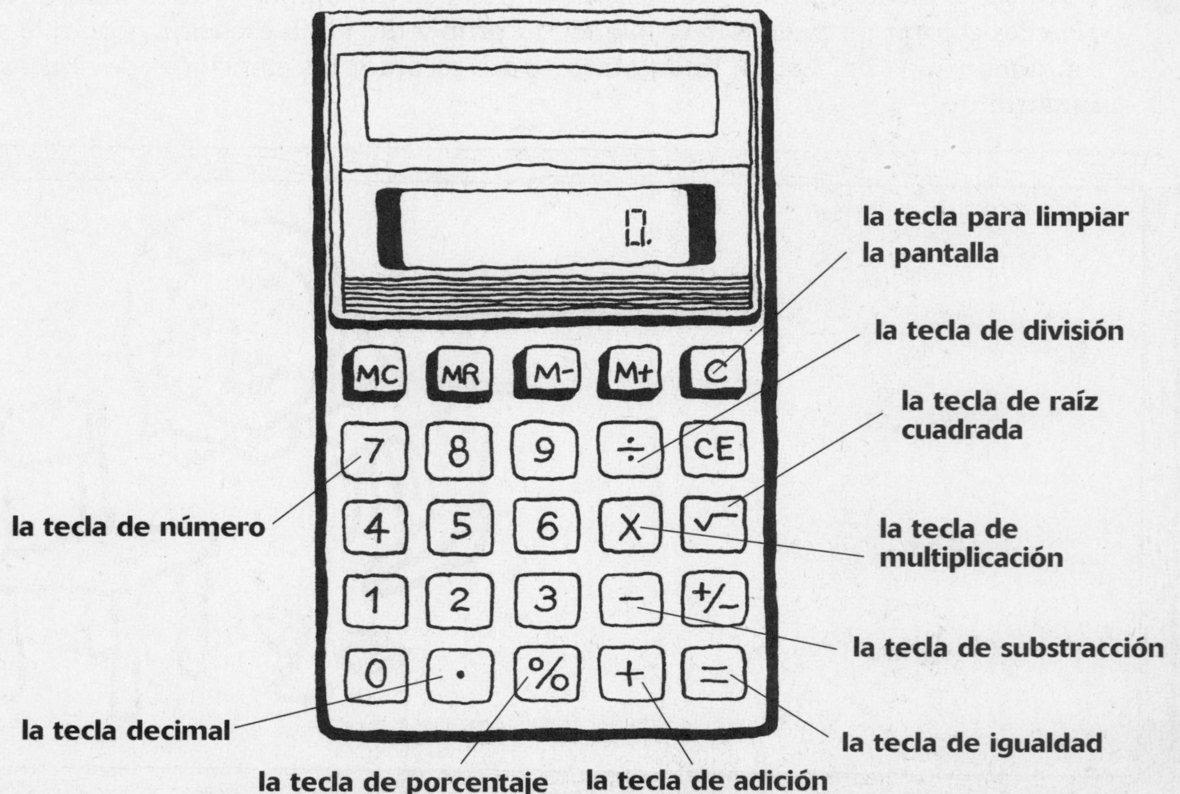

Nombre ______________________ Fecha ______________

Unidad 1, Lección 3

A **Los chicos de El Paso.** Describe a las personas de El Paso que conociste en esta unidad. ¿Cómo son? Usa por lo menos dos adjetivos para describir a cada persona. No tienes que usar los adjetivos en la lista.

vocabulario útil:	rubio	guapo	inteligente	simpático	mediano
	moreno	interesante	cómico	alto	atlético

1. Mateo ______________________
2. Daniel ______________________
3. Margarita y Mateo ______________________
4. Tina y Martín ______________________
5. Martín ______________________

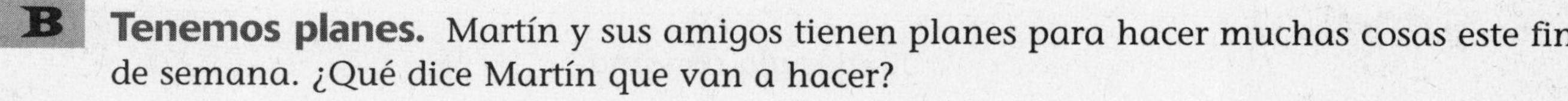

B **Tenemos planes.** Martín y sus amigos tienen planes para hacer muchas cosas este fin de semana. ¿Qué dice Martín que van a hacer?

1. Daniel y yo / viernes
____
____
____

4. Tina / domingo
____
____
____

2. Margarita y Tina / sábado
____
____
____

5. todos / domingo
____
____
____

3. Mateo, Daniel y yo / sábado
____
____
____

6. yo / viernes
____
____
____

Nombre ______________________________ Fecha ______________

C **Los estudiantes.** Los estudiantes de El Paso High School tienen clases muy interesantes. ¿Qué tienen que hacer para sus clases?

MODELO ustedes: historia / nombrar los presidentes de EE.UU.
Ustedes tienen historia. Tienen que nombrar los presidentes de EE.UU.

1. yo: clase de música / practicar la guitarra

____

2. Susana: literatura / leer *The House on Mango Street*

____

3. nosotros: educación física / hacer ejercicio

____

4. Eduardo: drama / memorizar sus líneas

____

5. Javier y Roque: clase de arte / dibujar algo original

____

D **Quiero saber...** Quieres saber cuánto tiempo hace que varias personas hacen diferentes cosas. Pregúntales y completa sus respuestas. Sigue el modelo.

MODELO Carlos y José: estar en el equipo de fútbol (5)
–¿Cuánto tiempo hace que están en el equipo de fútbol?
–Hace cinco años que estamos en el equipo de fútbol.

1. ustedes: vivir en este país (5)

____

____

2. tú: estudiar español (2)

____

____

3. las niñas: bailar ballet folklórico (3)

____

____

4. el Sr. Cruz: ser director del colegio (10)

____

____

Nombre ______________________ Fecha ______________

E **La página electrónica.** ¡Crea tu propia página electrónica! Descríbete de manera que interese a todos que lean tu página en la Red Mundial *(World Wide Web)*.

ESCAPE VIRTUAL

http://www.escapevirtual.htm

¿Qué pasa? ¡Caliente! Noticias

Mi página electrónica

Nombre: ______________________

Pasatiempos favoritos: ______________________

____

Deportes favoritos: ______________________

____

Películas favoritas: ______________________

____

Otros datos importantes: ______________________

____

____

____

____

____

____

____

____

Nombre ______________________ Fecha ______________

Vocabulario activo

Descripción de personas

débil *weak*
económico(a) *economical*
interesado(a) *interested*
latinoamericano(a) *Latin American*
lento(a) *slow*
loco(a) *crazy*
perezoso(a) *lazy*
tacaño(a) *stingy*

Música

la orquesta *orchestra*
el saxofón *saxophone*

Sustantivos

el campeonato *championship*
el clima *climate*
la cultura *culture*
el interés *interest*
la silla de ruedas *wheelchair*
el (la) trabajador(a) *worker*

Modismos con tener

tener miedo *to be afraid*
tener sueño *to be sleepy*
tener suerte *to be lucky*

Verbos

acampar *to camp*
cantar *to sing*
esquiar *to ski*
parecer *to appear, seem*
reunirse *to get together, meet*

Palabras y expresiones

Hace [siete] años que ... *It's been [seven] years since ...*
me fascina *it fascinates me*
sobre todo *above all*

Enriquece tu vocabulario

Gustos. In this lesson, Daniel told Luis in his letter: "Me gusta mucho El Paso; tiene un clima ideal si te gusta el sol y el calor". "**Gustar**" can be used in other ways, and its noun form "**gusto**" is also frequently used. Study the following uses and see if you can use them in your role-plays.

(Pleasure: ***placer, agrado****)*
- ¡Me da mucho **gusto** verte! *I'm so happy to see you!*
- Se comió las arepas con mucho **gusto.** *He ate the arepas with such relish!*

(Taste: ***sentido estético****)*
- Lleva ropa de muy buen **gusto.** *She wears very tasteful clothes.*
- Tiene un **gusto** terrible. *He has appalling taste.*

(At ease: ***sentirse cómodo****)*
- Yo me siento muy **a gusto** en su casa. *I feel quite at home in their house.*
- ¿Estás **a gusto** en tu nuevo trabajo? *Are you happy in your new job?*

(To like: ***¿le puedo ofrecer?****)*
- ¿**Gusta** tomar algo? *Would you like something to drink?*
- ¿**Gustan** pasar a la sala? *Would you like to move into the living room?*

Nombre ______________________ Fecha ______________

Unidad 2, Lección 1

A **¿A qué se refieren?** ¿Puedes clarificar a quién o a qué se refieren las personas que están hablando? Sigue el modelo.

MODELO –Gail habla español y frances.
–Sí, __los__ habla muy bien.

1. –¿Cuándo vas a hacer la tarea?

   –________ voy a hacer por la tarde.

2. –Los chicos fueron muy amables con nosotras.

   –Sí, es verdad. ________ invitaron a comer con ellos.

3. –¿Qué ________ recomiendas?

   –Las arepas de pollo son mis favoritas. Te van a gustar.

   –Bueno, ________ voy a probar.

4. –Tú nunca ________ escuchas.

   –No es verdad. Yo siempre ________ escucho.

5. –Hijo, ¡por favor lava ese coche horroroso hoy!

   –¡Ay, mamá! Mejor ________ lavo mañana.

B **Lógica.** Completa los diálogos de una forma lógica usando el verbo entre parentésis. Sigue el modelo.

MODELO –Mira a Roberto y a Eduardo.
–¿Por qué no vamos a __saludarlos__? *(saludar)*

1. –Tengo que abrir las ventanas porque la casa está muy caliente.

   –Yo te ayudo a ____________________. *(abrir)*

2. –¿Dónde está el periódico?

   –¡Estoy ____________________! *(leer)*

3. –¿Todavía no llega Marta?

   –No. Estoy ____________________. *(esperar)*

4. –Hija, tu hermanito quiere ir a la tienda. Por favor ________________. *(acompañar: tú)*

5. –Acabo de sacar este pastel del horno. Anda, ____________________. *(probar: tú)*

Nombre ______________________________ Fecha ______________

C **La familia Real.** ¿Qué dice la familia Real? Usa **mi(s)**, **tu(s)**, **nuestro(a)**, **nuestros(as)** y **su(s)** para completar la historia desde la perspectiva de los Real.

Don Periquito: ________ esposa se llama Misia Pepa.

Don Periquito / Misia Pepa: __________ hija se llama Laurita.

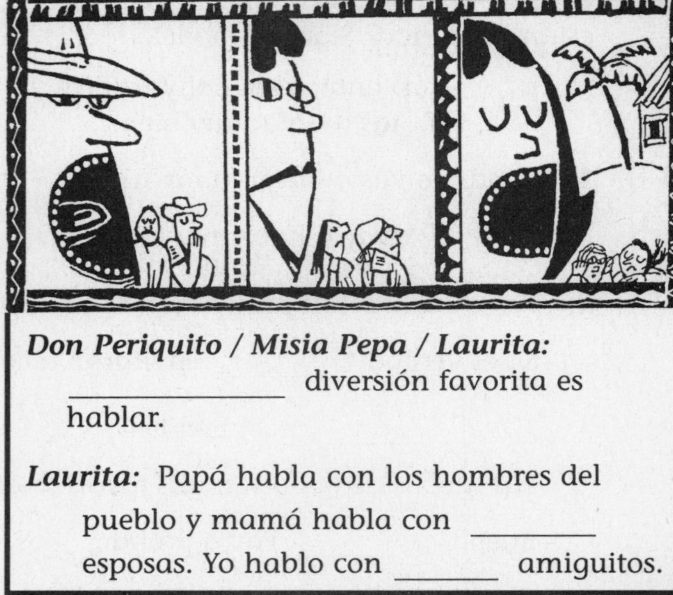

Don Periquito / Misia Pepa / Laurita: ______________ diversión favorita es hablar.

Laurita: Papá habla con los hombres del pueblo y mamá habla con ________ esposas. Yo hablo con ______ amiguitos.

Don Periquito: Nos gusta criticar a ____________ vecinos.

Misia Pepa: Más que eso, nos gusta repetir lo que oyemos en las casas de ____________ amigos.

Vecino: ________ chismes causan muchos problemas en la comunidad. Decidimos no invitarlos a ____________ fiestas y reuniones.

Don Periquito (al vecino): ________ fiestas no me interesan. Estamos contentísimos sin ellas.

Vecino: ¡_____ problema es que son incorregibles!

Misia Pepa (a Don P.): ¿Por que no te sientas en ________ silla mecedora, amor?

Don Periquito: Gracias, cariño.

Misia Pepa: ¡Por Dios! ¡Los brazos se me están convirtiendo en alas!

Laurita: Sí, y la nariz se me está poniendo dura.

Don Periquito: ¡Qué bien! ¡Podemos pasar los años repitiendo todo lo que oyemos! ¡________ pasatiempo favorito!

Nombre ______________________ Fecha ______________

D **Después de la fiesta.** Estás en la casa de un amigo después de una fiesta. Algunas personas se fueron sin llevarse sus posesiones. Pregúntale a tu amigo si estas cosas son de las personas mencionadas. Entonces da su respuesta.

MODELO chaqueta / Daniel
–¿Es la chaqueta de Daniel?
–Sí, es su chaqueta.

1. suéter / Luis
2. videojuego / niñas
3. sombrero / Jeanine
4. discos compactos / nosotros
5. regalos / de ellas
6. cámara / de Karen

E **Entre amigos.** Escribe un diálogo entre los amigos de Venezuela. ¿De qué están hablando? ¿De sus clases? ¿De la tarea que tienen que hacer para mañana? ¿De las arepas sabrosas que acaban de comer? Decide el tema antes de empezar.

Nombre ______________________ Fecha ______________

Vocabulario activo

En el café
la arepa *arepa (griddle cake made of corn)*
el batido *milkshake*
el mango *mango (tropical fruit)*
el (la) mesonero(a) *waiter, waitress*

Descripción
amable *friendly*
calientico(a) *warm*
escolar *pertaining to school*

Verbos
aparecer *to appear*
apetecer *to be appetizing to*
crecer *to grow*
fijarse *to pay attention to; to notice; to check*
lavar *to wash*
saludar *to greet*

Palabras y expresiones
a lo mejor *probably, maybe, perhaps*
a menudo *often*
¡Chévere! *Fantastic!*
de mi parte *on my behalf*
la oración *sentence*
hacer el papel *to play the role*
la sección *section*
el (la) vecino(a) *neighbor*

Enriquece tu vocabulario

Hacer. In ¡DIME! UNO, you learned many phrases that used the verb **hacer: hacer un viaje, hacer un tour, hacer la comida**, and **hacer la tarea**. In this lesson, you learned **hacer el papel** to mean "to play the role." Can you complete the following statements with the correct phrase, and also with the correct form of the verb **hacer**?

hacer gestos *to make faces*	**hacer bien/mal** *to do right / wrong*
hacer cola *to get in line*	**hacer falta** *to be lacking*
hacer juego *to match*	**hacer escala** *to make a stopover*

1. Vamos a levantarnos temprano para ______________ en BoletoMaster. ¡Queremos ver si podemos conseguir esos boletos!
2. Este vuelo ______________ en Dallas antes de llegar a Austin.
3. Me __________ mucha __________ un suéter nuevo. Ya no me gustan los que tengo.
4. ¡Ay, niño! ¡No me __________ esos __________! ¡Te tienes que tomar la medicina!
5. Oye, ¿te vestiste dormida? Esa blusa no ______________ con esa falda para nada.
6. ______________ en mentirle a tus padres.
7. Carlos ______________ en decirte la verdad.

Nombre ______________________ Fecha ______________

Unidad 2, Lección 2

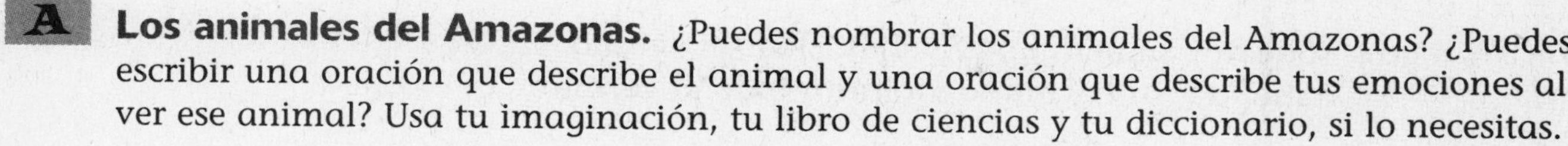

A **Los animales del Amazonas.** ¿Puedes nombrar los animales del Amazonas? ¿Puedes escribir una oración que describe el animal y una oración que describe tus emociones al ver ese animal? Usa tu imaginación, tu libro de ciencias y tu diccionario, si lo necesitas.

MODELO
El cocodrilo es un reptil acuático. ¡Es feo!
Los cocodriles me fascinan pero me da miedo verlos.

1. ______________________________________

____

2. ______________________________________

____

3. ______________________________________

____

4. ______________________________________

____

5. ______________________________________

____

6. ______________________________________

____

7. ______________________________________

____

Nombre ______________________ Fecha ______________

B **Las vacaciones.** Los estudiantes de la clase de geografía hicieron cosas muy interesantes durante sus vacaciones. ¿Qué hicieron?

MODELO Sheila y su hermano / viajar / todo el verano
Sheila y su hermano viajaron todo el verano.

1. mi familia y yo / salir de Nueva York / Londres

   ____

2. Cristina y su hermana / comer / restaurante japonés

   ____

3. tú / escribirle / amigo por correspondencia / todos los días

   ____

4. nosotros / reflexionar / sobre / belleza del Amazonas

   ____

5. Alana / visitar / tía / Puerto Rico

   ____

6. yo / asistir (a) / concierto de música africana / fenomenal

   ____

C **Los hermanos.** La relación entre los hermanos es complicada. Usa el pretérito de **ir**, **ser** y **hacer** para entender esta conversación entre una hermana y un hermano.

Hermana: ¿Adónde ____________ tú?

Hermano: ____________ a la biblioteca a sacar un libro que necesito para la clase de geografía.

Hermana: ¿Y Ana Beatriz?

Hermano: Ella no ____________ conmigo. ____________ a otro sitio.

Hermana: ¿Y mamá y papá?

Hermano: ____________ a comprar tortillas y aguacates para la cena.

Hermana: ¡Ay, no! ¡Yo ya ____________ la cena!

Hermano: ¿Ah, sí? ¿Qué ____________?

Hermana: ____________ arroz con pollo.

Hermano: ¡Otra vez! Anoche Pablo y yo ____________ a cenar en casa de Marcos y es lo que comimos.

Hermana: No me importa. ¡Tienes que comer lo que hay!

Nombre ______________________ Fecha __________

D **Profesionales.** Estás en una conferencia de profesionales. Presente hay personas de todo el mundo. Di las nacionalidadades de cada profesional.

MODELO doctora: Holanda
La doctora es holandesa.

1. abogado: el Japón
____
2. escritores: Colombia
____
3. progamadoras: Portugal
____
4. ingeniera: las Filipinas
____
5. maestro: España
____
6. reporteros: Paquistán
____
7. secretario: Estados Unidos
____
8. artista: África
____
9. músicos: Perú
____
10. hombres de negocio: Inglaterra
____

E **Un viaje.** Escoge uno de los temas.

- Eres un(a) científico(a) ambiental. Hiciste un viaje por Sudamérica. Di lo que hiciste, lo que viste, dónde iniciaste tu viaje y dónde terminó. ¿Quién fue contigo? Escribe un informe sobre tu viaje.
- ¿Qué contacto tienes con otras culturas en tu vida diaria? Describe una experiencia que tuviste recientemente que muestra ese contacto diario. ¿Qué aprendiste de esa cultura?

Nombre ______________________ Fecha ______________

Vocabulario activo

Nacionalidades
alemán, alemana *German*
brasileño(a) *Brazilian*
chino(a) *Chinese*
coreano(a) *Korean*
danés, danesa *Danish*
escocés, escocesa *Scottish*
español, española *Spanish*
filipino(a) *Philippine*
francés, francesa *French*
griego(a) *Greek*
holandés, holandesa *Dutch*
israelita *Israeli*
italiano(a) *Italian*
japonés, japonesa *Japanese*
marroquí *Moroccan*
noruego(a) *Norwegian*
paquistaní *Pakistani*
portugués, portuguesa *Portuguese*
ruso(a) *Russian*
sueco(a) *Swedish*
suizo(a) *Swiss*
vietnamita *Vietnamese*

Selva tropical
la anaconda *anaconda (snake)*
la boa *boa constrictor*
el caimán *caiman (South American reptile)*
la capibara *capybara (a large South American rodent)*
el (la) científico(a) ambiental *environmental scientist*
la culebra *snake*
la guacamaya *macaw*
el jaguar *jaguar*
el pájaro *bird*
la piraña *piranha fish*
salvaje *wild, savage*
la selva *jungle*
la serpiente *snake*
el tapir *tapir*

Verbos
asistir *to attend*
asustarse *to be frightened, get scared*
bailar *to dance*
beber *to drink*
comer *to eat*
correr *to run*
durar *to last*
escribir *to write*
escuchar *to listen to*
firmar *to sign*
iniciar *to initiate, begin*
limpiar *to clean*
llevar *to wear*
odiar *to hate, despise*
pasear *to walk, stroll*
reflexionar *to reflect, think*
salir *to go out*
salvar *to save*
viajar *to travel*
visitar *to visit*

Palabras y expresiones
diario(a) *daily*
el informe *report*
No importa. *It doesn't matter.*
dar miedo *to inspire fear*
hacer un viaje *to make a trip*
¡Qué culto! *How educated! How cultured!*
¡Qué tonto eres! *You're so foolish!*
¡Quítate! *Stop it!*
seguramente *surely*
la telenovela *soap opera*
el tema *theme, subject*

Enriquece tu vocabulario

¿Masculino o femenino? In ¡DIME! UNO, you learned that "most" nouns that end in **-a** are feminine. But as usual, there are always exceptions to the rule. Notice that nouns of Greek origin ending in **-ma** are masculine. Can you think of any other words that end in **-ma** that are masculine?

el te**ma** *theme*
el proble**ma** *problem*
el idio**ma** *language*
el poe**ma** *poem*
el progra**ma** *program*
el cli**ma** *climate*

Nombre ______________________ Fecha ____________

Unidad 2, Lección 3

A **¡Soy más poderoso que todos!** El león cree que él es superior a todos. Las pulgas creen que ellas son superiores. Completa el debate entre ellos. Sigue el modelo.

MODELO *León:* Yo soy más fuerte que todos los animales de la selva.
Pulgas: ¡No es verdad! ¡Nosotras somos más fuertes que tú!

1. *León:* ______________________
   Pulgas: ______________________
2. *León:* ______________________
   Pulgas: ______________________
3. *León:* ______________________
   Pulgas: ______________________
4. *León:* ______________________
   Pulgas: ______________________
5. *León:* ______________________
   Pulgas: ______________________
6. *León:* ______________________
   Pulgas: ______________________

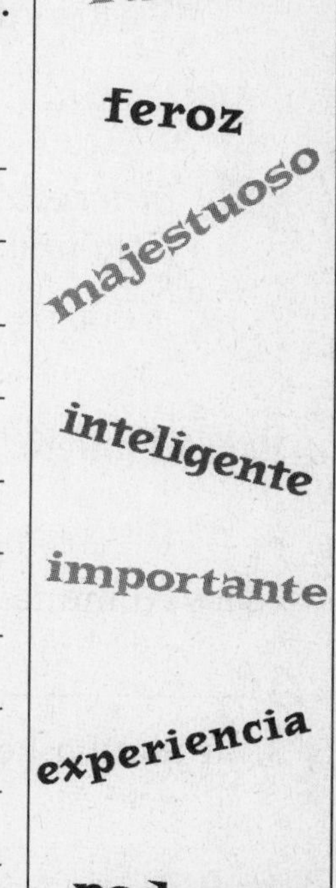

Nombre ______________________ Fecha ______________

B **Vamos a comparar.** Lee cada situación y compara las personas o cosas en cada situación.

MODELO Martín tiene diecisiete años. Nena tiene trece años. *(mayor)*
Martín es mayor que Nena.

1. Chela tiene un hermano pequeño. *(menor)*

____

2. Luis tiene un hermano en la universidad. *(mayor)*

____

3. Viajar en avión es rápido. Viajar en tren es lento. *(mejor que)*

____

4. Tú no sabes bailar muy bien. Pero, ¡es ridículo como baila tu hermano! *(peor que)*

____

5. El mural de Ana es hermoso. El mural de Diego es hermoso también. *(tan como)*

____

6. El carro de Carlos es cómodo. El carro de Nanci es cómodo también.

____

7. Ricardo tiene veinte trofeos. Sergio tiene veinte trofeos también.

____

C **¡Increíbles!** Conociste a unas personas, unos personajes y unos lugares increíbles en esta unidad, ¿no crees? ¿Cómo son? Descríbelos según el modelo.

MODELO el pájaro de siete colores (hermoso)
El pájaro de siete colores es hermosísimo.

1. el león (feroz)

____

2. los caimanes (peligroso)

____

3. la familia Real (loco)

____

4. las pulgas (tonto)

____

5. Chela (culto)

____

6. el medio ambiente (importante)

____

Nombre ______________________ Fecha ____________

D **Mi tío.** Tu tío tiene opiniones para todo. Siempre te está diciendo qué pensar. ¿Qué te dice?

MODELOS el baile [+ popular] año
Es el baile más popular del año.

la película [–] año
Es la peor película del año.

1. la casa [+ grande] barrio
2. los estudiantes [– preocupado] concurso
3. las beisbolistas [+] colegio
4. el equipo [+ preparado] torneo
5. las vecindades [+ ricas] ciudad
6. el animal [+ peligroso] selva
7. los deportistas [–] colegio
8. la telecomedia [+] año

E **¿Cómo nos comparamos?** ¿Quién es tu mejor amigo(a)? ¿Pasan tiempo comparando sus vidas? Anota algunas comparaciones entre los dos.

YO	MI MEJOR AMIGO(A)
mi estatura	su estatura
mi edad	su edad
mi personalidad	su personalidad
mis talentos	sus talentos
mi casa	su casa
mi familia	su familia
...	...

Nombre ______________________ Fecha ______________

Vocabulario activo

Animales
el león *lion*
el leopardo *leopard*
el mono *monkey*
la pulga *flea*
el ratón *mouse*
la tortuga *turtle, tortoise*
el tucán *toucan*

Selva tropical
el árbol *tree*
el desarrollo *development*
peligroso(a) *dangerous*
la planta *plant*
preservar *to preserve*
el producto *product*
el puerto *port*
tropical *tropical*

Descripción
diverso(a) *diverse, different*
étnico(a) *ethnic*
feroz *fierce, ferocious*
lento(a) *slow*
mayor *oldest; greater, older*
menor *youngest; smaller, younger*
natural *natural*

Sustantivos
la cordillera *mountain range*
la costa *coast*
la investigación *investigation*
el océano *ocean*
el pico *peak*
la población *population*
la papelería *stationery store*
la salud *health*
la temperatura *temperature*

Verbos
comparar *to compare*
desembocar *to flow into (river)*
identificar *to identify*
localizar *to locate*
mencionar *to mention*

Palabras y expresiones
el ejercicio *exercise*
el medio ambiente *environment*
ser necesario *to be necessary*
la tierra *land*

Enriquece tu vocabulario

Animales legendarios. In this unit, you have learned the names of many exotic and some ordinary animals as you've traveled through the Amazons with Chela. Animals are an important part of the folklore of many cultures. Can you complete these common Spanish sayings? What do you think they mean?

toro
cocodrilo
perro
tortuga
serpiente
zorro
hormiga
elefante

MODELO Tiene la memoria de un elefante
Meaning: He or she has a great memory.

1. Es fiel como un ______________.
____

2. Es fuerte como un ______________.
____

3. Trabaja como una ______________.
____

4. Llora con lágrimas de ______________.
____

5. Es astuto como un ______________.
____

6. Es lento como una ______________.
____

7. Es traicionero como una ______________.
____

Nombre ______________________ Fecha ______________

Unidad 3, Lección 1

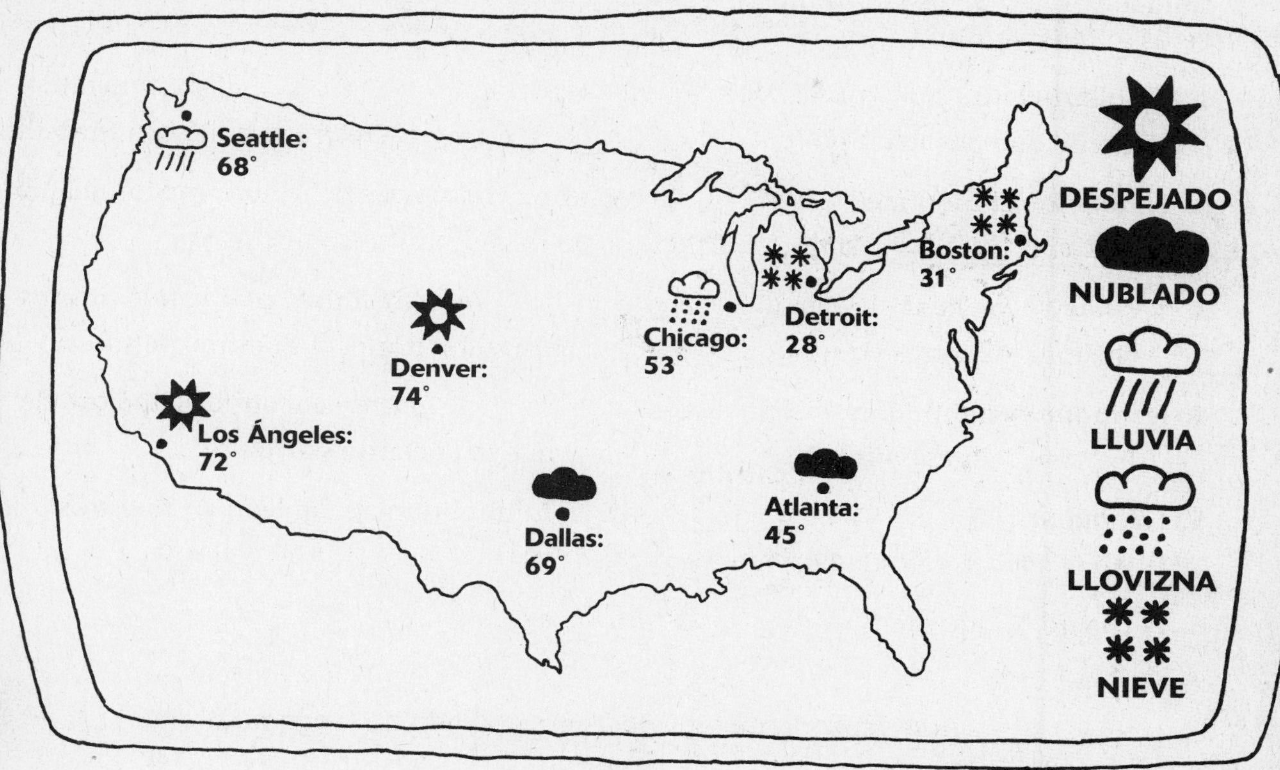

A **El reporte del tiempo.** Tú vas a dar el reporte del tiempo en la tele. ¡Tienes que escribir lo que vas a decir! Basándote en el mapa, escribe tu pronóstico. (Si necesitas ideas, lee de nuevo el reporte que da el señor Miranda en la página 118 de tu texto.)

____

____

____

____

____

____

____

____

____

____

____

Nombre ______________________ Fecha ______________

B **Las leyendas.** ¿Qué están diciendo estos personajes de las leyendas que leíste en las Unidades 1, 2 y 3? Usa la forma apropiada del pretérito de los verbos entre paréntesis y verás lo que piensan.

1. ***El soldado:*** Cuando vi mi chaqueta en el cementerio, ________ *(saber)* inmediatamente que pasaba algo raro. ¡No ________ *(querer)* creer que bailé con un bulto!
2. ***El abuelo:*** El niño me ________ *(traer)* una cobija. Ese día, Dolores y Manuel por fin ________ *(saber)* la importancia de respetar a los ancianos.
3. ***Vecinos de los Real:*** Los Real ________ *(querer)* causar problemas con sus chismes. Nosotros ya no ________ *(querer)* invitarlos a nuestras fiestas.
4. ***Hermano menor:*** Mi hermano mayor ________ *(querer)* encontrar el pájaro de los siete colores. Nunca ________ *(saber)* que lo encontré yo.
5. ***Las pulgas:*** Por fin ________ *(saber)* la importancia del león en nuestras vidas. Pero ya era demasiado tarde.
6. ***El conejo:*** ¿Qué me ________ *(traer)* hoy?

   El tigre: Te ________ *(traer)* lana. Te ________ *(traer)* comida. Te ________ *(traer)* todo lo que me pediste y ¡todavía no tengo mi abrigo!

C **La señora Rivera.** El señor Rivera va a casa y le cuenta a su esposa lo que le pasó ese día. Completa el diálogo con las formas apropiadas del pretérito para saber más sobre su aventura.

Sra. R: ¡Ay, José! ¡Te ________ en la tele! Cuéntame todo, desde el principio. *(ver)*

Sr. R.: Pues, fui *(I went)* al parque a trabajar, como siempre. ________ a vaciar los basureros. Cuando vacié uno de ellos, se cayó el dinero de una bolsa de papel. *(empezar)*

Sra. R: ¡Por Dios! Y entonces, ¿qué ________? *(hacer)*

Sr. R.: ________ toda la plata en la bolsa. Le ________ a mi jefe que encontré algo raro. Él y yo ________ que ir a la comisaría a hablar con las autoridades. *(poner, decir, tener)*

Sra. R: ¿Qué ________ allí? *(pasar)*

Sr. R.: Las autoridades no ________ atenderme inmediatamente. ________ que esperar media hora. *(poder, tener)*

Sra. R: ¿Y luego?

Sr. R.: Por fin ________ los detectives a hablar conmigo. ¡________ que el dinero es mío si nadie lo reclama! ¡No lo ________ creer! *(venir, decir, poder)*

Nombre ______________________ Fecha ______________

D **La clase de computación.** Vas a tomar una clase de computación este año. Éste es el laboratorio de computación. Compara las computadoras. Estás tratando de decidir en qué terminal de trabajo *(workstation)* quieres trabajar. Sigue el modelo.

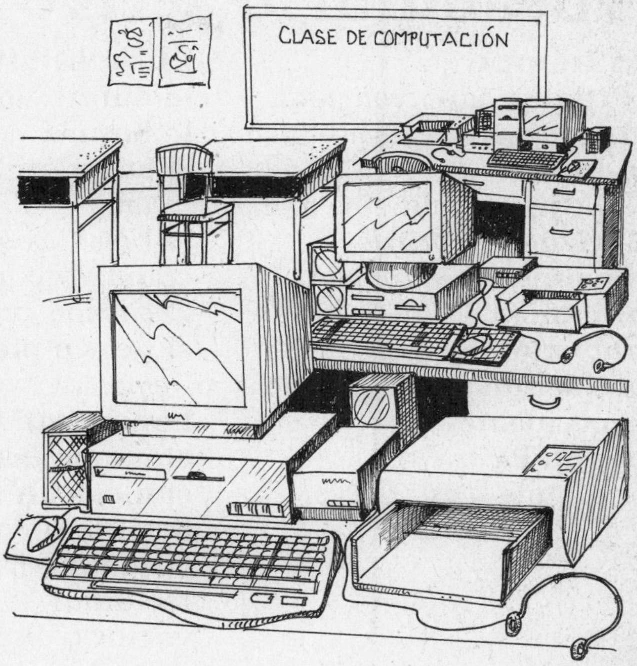

MODELO computadora (Mac / PC)
Esta computadora es una Mac. Aquélla es una PC.

1. módem (rápido / lento)

____

2. impresora (nueva / vieja)

____

3. parlantes (usado / nuevo)

____

4. audífonos (barato / caro)

____

5. monitor (de color / blanco y negro)

____

E **¡Tormenta!** ¿Recuerdas un día en que el tiempo estuvo horrible? ¡Huracanes, tormentas, lluvia, nieve! Describe ese día. Describe el tiempo y describe qué hiciste.

____

____

____

____

____

____

____

____

____

Nombre ______________________ Fecha ______________

Vocabulario activo

El tiempo
el centígrado *centigrade*
el grado *degree (temperature)*
la lluvia *rain*
la llovizna *mist, fine rain*
lloviznar *to drizzle*
máximo(a) *maximum*
mínimo(a) *minimum*
nublado(a) *cloudy*
occidental *Western*
el occidente *West*
oriental *Eastern*
el oriente *East*

El incidente
la autoridad *authority*
la basura *garbage*
el basurero *garbage can or dump*
la bolsa *bag*
común y corriente *common, ordinary*
el (la) empleado(a) *employee*
honesto(a) *honest*
el honor *honor*
el incidente *incident*
insólito(a) *unusual*
la plata *silver*
reclamar *to reclaim*
vaciar el basurero *empty the garbage can*

Palabras y expresiones
a eso de *around, about*
aislado(a) *isolated*
contrario *contrary*
al contrario *on the contrary*
por el contrario *on the contrary*
escrito(a) *written*
faltar tiempo: ¿Cuánto tiempo falta? *How much time is left?*
por escrito *in writing*
policíaco(a) *mystery*
la posibilidad *possibility*

Enriquece tu vocabulario

Cognados. In this lesson, you learned the words "**autoridad**" and "**posibilidad**". Both of these words are considered cognates because they look almost exactly like their English counterparts and have the same meaning. Notice that they both end in **-dad**. The cognate ending **-dad** corresponds to the English ending *-ty*. Can you find all the cognates ending in **-dad** in the **Sopa de letras?**

1. activity = actividad
2. curiosity = ______________
3. university = ______________
4. infinity = ______________
5. clarity = ______________
6. diversity = ______________
7. formality = ______________
8. compatibility = ______________
9. hospitality = ______________
10. capacity = ______________

D	C	O	M	P	A	T	I	B	I	L	I	D	A	D	D
C	A	D	A	D	I	R	O	I	R	E	F	N	I	A	A
X	P	D	I	N	F	O	C	L	A	R	I	U	D	X	D
L	A	A	I	V	S	T	U	L	N	F	W	I	I	I	I
M	C	D	X	L	R	W	B	D	A	G	S	E	H	N	L
U	I	I	K	L	A	D	R	Q	U	R	A	E	G	F	A
R	D	S	M	J	C	T	S	T	E	V	I	S	F	I	M
D	A	R	B	A	C	T	I	V	I	D	A	D	E	N	R
O	D	E	N	O	Z	P	I	P	D	J	I	H	A	I	O
B	A	V	A	M	E	D	K	L	S	A	D	D	A	D	F
A	U	I	V	Q	C	E	I	P	N	O	O	Z	S	A	E
S	T	N	O	C	N	O	W	P	R	B	H	O	M	O	N
T	C	U	R	I	O	S	I	D	A	D	X	A	Y	R	Z

Nombre ______________________ Fecha ______________

Unidad 3, Lección 2

A **¡Misterio!** Tu hermanita acaba de comprar un juego de CD-ROM. Quiere tu ayuda. Dile lo que tiene que hacer. Dale dos instrucciones por pantalla *(screen)*, según las indicaciones. ¿Puedes darle las instrucciones correctas?

1 empezar escuchar narrador juego

Empieza el juego.

Escucha al narrador.

2 mapa biblioteca buscar estudiar

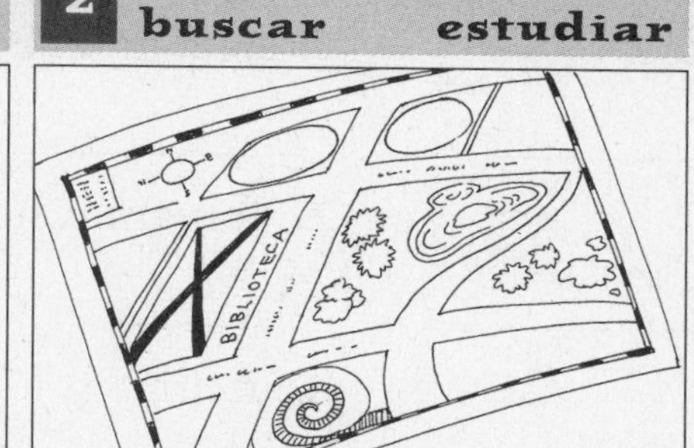

____

____

3 puerta ir abrir biblioteca

____

____

4 sacar mesa libro poner estante

____

____

5 instrucciones leer escribir

____

____

6 cuidado salir biblioteca tener

____

____

7 elevador torre subir tomar

____

____

8 hora reloj mirar decir

____

____

9 solución correr pensar

____

____

Nombre ______________________ Fecha ______________

B **¡Hazlo!** Rolando y sus amigos van a las montañas a acampar. Claro que los padres siempre tienen muchos consejos para sus hijos. ¿Qué le aconseja su padre a Rolando?

MODELO despertarte temprano **Despiértate temprano.**

1. bañarte en el río
____
2. tomar las vitaminas con agua
____
3. portarte bien
____
4. protegerte del sol
____
5. despedirte de tu madre
____
6. saludar a tus amigos de mi parte
____
7. llamarnos si hay un problema
____
8. decirme si te divertiste
____

C **La novia enojada.** Esta chica está muy enojada con su novio. Completa su conversación para saber por qué.

Ella: ¡No ______________ ese regalo! ¡Mis amigas te vieron con otra! *(no darme)*

Él: Por favor, ¡______________ los chismes de tus amigas! *(no escuchar)*

Ella: ¡______________ perdón! No puedo perdonarte. *(no pedirme)*

Él: Por favor, ¡______________ así! *(no ser)*

Ella: No quiero verte. ¡______________ a verme! *(no venir)*

Él: ¡______________ eso! *(no decir)*

Ella: Estoy muy enojada. ¡______________ conmigo para nada! *(no contar)*

Él: Ay, cariño, por favor, ¡______________ enojada! *(no estar)*

Ella: ¡Me voy!

Él: Ay, no, ¡______________ todavía! *(no irte)*

Nombre ______________________ Fecha ______________

D **¡Prohibido!** Llevas a tu primito de diez años a varios lugares en la comunidad. Dile lo que NO puede hacer, según los anuncios que ven.

1. no hablar / fuerte

____

____

____

2. no darles de comer / animales

____

____

____

3. no caminar / por aquí

____

____

____

4. no entrar / aquí

____

____

____

5. no tocar / cuadros

____

____

____

6. no nadar / lago

____

____

____

E **¿Lo hago o no?** Gustavo se está volviendo loco. Sus papás están fuera de casa y él, como el más chiquito, tiene que hacer lo que digan sus hermanos. Óscar le dice que haga una cosa, y Diego le dice que NO la haga. ¡Pobrecito chico! ¿Qué le dicen?

MODELO ***Óscar:*** Pon la mesa.
Diego: **No, no la pongas.**

1. ***Óscar:*** Apaga la televisión.
Diego: ______________________

2. ***Óscar:*** Vete a tu cuarto.
Diego: ______________________

3. ***Óscar:*** Desenchufa la computadora.
Diego: ______________________

4. ***Óscar:*** Haz el almuerzo.
Diego: ______________________

5. ***Óscar:*** Limpia tu cuarto.
Diego: ______________________

6. ***Óscar:*** Sal a jugar.
Diego: ______________________

7. ***Óscar:*** Dame tu dinero.
Diego: ______________________

Gustavo: ¡Déjenme en paz!

Nombre ______________________ Fecha ______________

F **Los anuncios en la tele.** ¿Puedes completar los lemas publicitarios *(slogans)* de los siguientes productos o negocios? (Recuerda que generalmente en los anuncios se usan las formas de **usted** o **ustedes** al dar mandatos.)

conocer
poner
comprar
visitar
escuchar
lavar
venir
no perder
comer
viajar
estar
pensar
dejar

1. ¡__________ la música del momento! RADIO MIL VOCES.
2. __________ su ropa con el detergente OLOR-A-FLORES.
3. __________ el carro de sus sueños. DEPORTIVOX-4.
4. ¡__________ al almacén que tiene de todo! EL CORTE ESPAÑOL.
5. __________ su dinero en el lugar más seguro— y __________ sueño. BANCO CULEBRA.
6. ¡__________ en el futuro de sus niños! La educación es lo que importa. COLEGIO PRIVADO NAVARRO.
7. __________ en paz. __________ los niños con la abuela y __________ a cenar en un ambiente inolvidable. RESTAURANTE VIDABUENA.
8. __________ tranquilos. LA CLÍNICA SANA-Y-SALVA tiene los mejores doctores de la ciudad.
9. ¡__________ el mundo! __________ cinco países en diez días. AGENCIA ALREDEDOR DEL MUNDO.
10. __________ tranquilo en nuestros aviones de lujo. AEROLÍNEAS PÁJAROS DEL CIELO.

G **Mi bisabuelo.** Te está visitando tu bisabuelo de noventa años y tu mamá te pide que lo cuidas. ¿Qué le dices?

1. guardar la medicina / en un lugar seguro
   ____
2. acostarse un rato
   ____
3. no cansarse / mucho
   ____
4. ver la telenovela / que le gusta tanto
   ____
5. tener mucho cuidado / con las escaleras
   ____
6. no hacer / mucho trabajo
   ____
7. no levantarse / temprano
   ____
8. no irse / nunca
   ____

Nombre ____________________ Fecha ____________

H **¡Compre ...!** Escoge un producto, dale un nombre inventivo y ¡escribe un anuncio! Tu anuncio va a salir en una revista juvenil. Usa tu imaginación y recuerda que estás tratando de VENDER algo. Así que tu anuncio debe de ser ***¡atractivo e interesante!***

Nombre ______________________ Fecha ______________

Vocabulario activo

Arepas
la harina *flour*
incomparable *without equal*
la miguita *crumb*
rellenar *to fill*
el sabor *flavor*

Quemaduras del sol
dañino(a) *harmful, injurious*
evitar *to avoid*
la loción protectora *sunscreen lotion*
la piel *skin*
la protección *protection*
proteger *to protect*
quemado(a) *burned*
la quemadura *burn*
el rayo *ray*

El canal de TV
a continuación *after, following*
apagar *to turn off; to extinguish*
la cámara *camera*
desenchufar *to disconnect, unplug*
informativo(a) *informative*
la interrupción *interruption*
el noticiero *newscast*
la programación *programming*
la serie *series*
técnico(a) *technical*

Verbos
despedirse de *to say goodbye to*
enseñar *to show, to teach*
permanecer *to remain*
portarse *to behave*
sustituir *to substitute*

Palabras y expresiones
abierto(a) *open*
barato(a) *cheap, inexpensive*
el consejo *advice*
deshonesto(a) *dishonest*
por casualidad *by accident, coincidence*
¡Ven acá! *Come over here!*

Enriquece tu vocabulario

La videograbadora. Throughout Unit 3, you've been at a television station in Venezuela. The medium of television has changed tremendously with the introduction of the VCR and the remote control. Study the art below and surprise your friends with your vast media vocabulary!!!

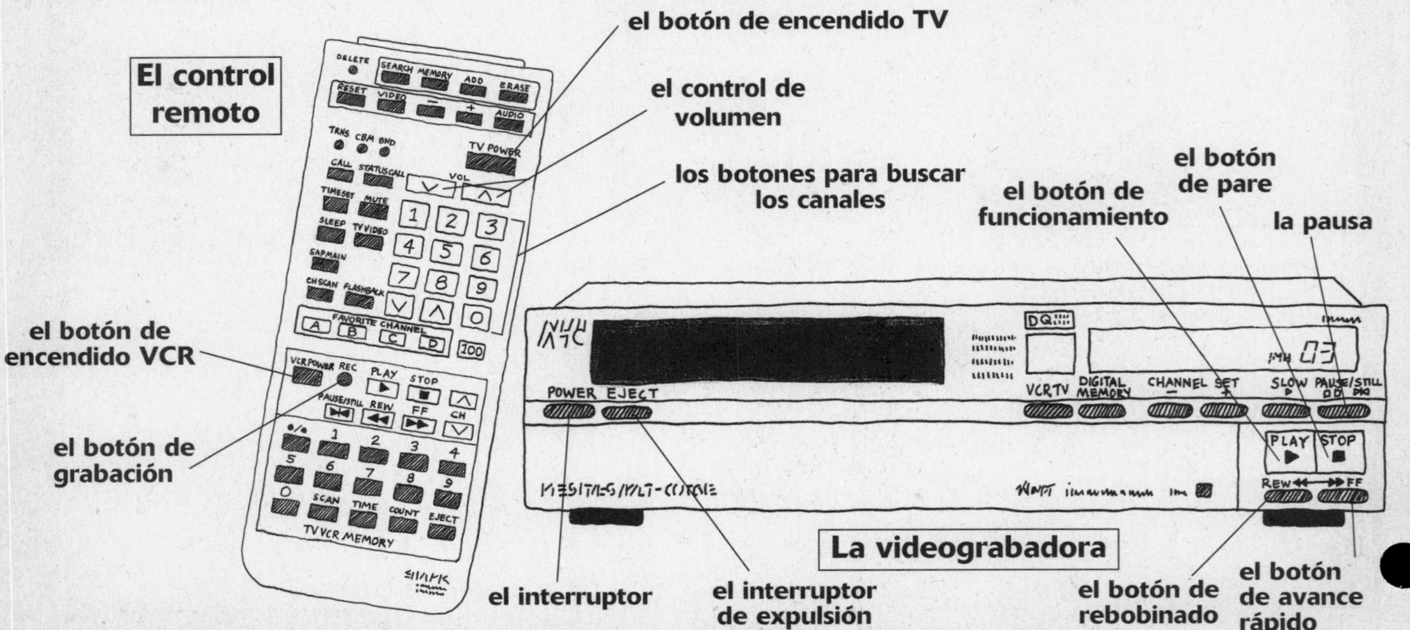

Nombre ______________________________ Fecha ______________

Unidad 3, Lección 3

A **El fantasma habla.** El fantasma decide contar la historia de la casa embrujada desde su perspectiva. Completa su versión de ***La casa embrujada*** para saber cómo se sentía el fantasma.

Yo soy el fantasma de la casa embrujada. Hace años yo __________ *(vivir)* en una casa en la plaza central de un pueblo peruano. No sé por qué, pero la gente me __________ *(tener)* mucho miedo. Yo __________ *(hacer)* ruido porque me __________ *(sentir)* muy solo. __________ *(subir)* y __________ *(bajar)* las escaleras porque __________ *(estar)* aburrido. A veces __________ *(romper)* las cosas porque me __________ *(enojar)* con la gente del pueblo.

RRR RRR

Entonces dos mujeres y un perrito vinieron a vivir conmigo. Me __________ *(gustar)* asustar al perrito. Le __________ *(tirar)* de la cola y de las orejas. También __________ *(pasar)* mucho tiempo en el taller de la costurera. __________ *(seguir)* las mujeres por dondequiera. Ellas __________ *(sentir)* mi presencia y se __________ *(asustar)*. Aunque en realidad, yo no __________ *(querer)* asustarlas. Por fin, un día, decidí enseñarles donde __________ *(estar)* el tesoro. ¡Las mujeres __________ *(estar)* muy contentas! Me fui con ellas y con Salguerito porque no me __________ *(querer)* quedar solo de nuevo.

Nombre ______________________ Fecha ______________

B **¡Qué horror!** Marcos le escribe esta carta a Carola. Completa la historia con las formas apropiadas de los verbos indicados.

1. estar (nosotros)
2. instalar
3. poner
4. leer
5. conectarse
6. jugar
7. saber (yo)
8. estar (nosotros)

Para: Carola302
Copias a: Jaime13, Miguel22, Sandra45
De: Marcos923
Tema: El otro día
Archivo:

¡No vas a creer lo que pasó el otro día! (1)______________ en la clase de computación. Yo (2)______________ el software nuevo para navigar por el Internet. La profesora (3)______________ algo en la pizarra. Aquel muchacho Toño (4)______________ su correo electrónico. Dennis y Janet (5)______________ a la Red Mundial. Inés (6)______________ con un programa de dibujo. En ese momento, ¡se apagaron las luces! ¡Todas las computadoras se apagaron también! ¡Perdimos todo! ¡Qué horror! ¡No (8)______________ qué hacer! Por fin regresaron las luces. Todos (9)______________ horrorizados. Te cuento más mañana. Ahora tengo que hacer mi tarea.

Buenas noches de tu amigo Marcos

C **Campamento de verano.** Tu hermanita está a punto de irse al campamento de verano. Está muy nerviosa. Quieres calmarla. Le cuentas lo que recuerdas de cuando tú eras niño(a) e ibas al mismo campamento.

MODELO despertarnos: cuando salía el sol
Nos despertábamos cuando salía el sol.

1. levantarnos: listos para gozar el día
____
____
2. vestirnos: de pantalones cortos y camisetas
____
____
3. ponernos: loción protectora antes de ir al lago
____
____
4. bañarnos: en el lago por la tarde
____
____
5. divertirnos: todos los días
____
____
6. acostarnos: muy contentos
____
____

Nombre ______________________ Fecha ______________

D **Un cuento.** ¡Ahora tú vas a escribir un cuento! Primero, escoge una de las ideas siguientes.

- Escribe un cuento de misterio como ***La casa embrujada*** en las páginas 150–152 de tu texto.
- Escribe un cuento policíaco como el que escribió Luis en las páginas 153–154 de tu texto.

Antes de empezar, considera las siguientes preguntas:

¿Quién es el narrador o la narradora?
¿Quiénes son los personajes principales?
¿Dónde tiene lugar?
¿Cuándo tiene lugar?
¿Qué pasó?
¿Cuál es el misterio?
¿Qué detalles interesantes o misteriosios puedo añadir?
¿Cuál es la resolución del misterio?

Nombre ______________________ Fecha ______________

Vocabulario activo

El cuento
acercarse *to approach, draw near*
agitado(a) *agitated, upset*
ahorrado(a) *saved*
la caja *cash register*
el (la) cajero(a) *cashier*
el colchón *mattress*
con cuidado *with care, carefully*
confiar en *to trust, confide in*
la decisión *decision*
depositar *to deposit*
entregar *to deliver, to hand in*
la fortuna *fortune, luck*
guardar *to keep, save*
meter *to put in*
el misterio *mystery*
la paciencia *patience*
el resto *rest, remainder*
resolver *to resolve*
secreto(a) *secret*
seguro(a) *sure, certain*
la sorpresa *surprise*
la sugerencia *suggestion*
el (la) viejito(a) *elderly person*

Computación
conectarse *to log on, connect to*
el correo electrónico *electronic mail*
desconectarse *to log off, disconnect from*
el hardware *hardware*
instalar *to install*
el Internet *Internet (a world-wide communications network)*
el módem *modem*
programar *to program (computers)*
la red *network*
el software *software*

Verbos
bailar *to dance*
cepillarse (el pelo) *to brush (one's hair)*
correr *to run*
salir *to leave*

Palabras y expresiones
cronológico(a) *chronological*
el cuestionario *questionnaire*
la encuesta *survey*
la órden *command*
el subtítulo *subtitle, captions*
el suceso *event, incident*

Enriquece tu vocabulario

La ortografía. Here are some tips in Spanish that will help you improve your spelling! (Remember that these tips do not apply to all Spanish words, but as you read through your book, notice cases where they *DO* apply.)

English		Spanish
ph	=	**f**
photograph	=	f otogra f ía
philosophy	=	___iloso___ía
photocopy	=	___otocopia
telephone	=	telé___ono
pharmacy	=	___armacia

English		Spanish
th	=	**t**
theater	=	t eatro
therapy	=	___erapia
theory	=	___eoría
athletic	=	a___lético
thermos	=	___ermo

English		Spanish
ch	=	**c**
chronological	=	c ronológico
choreographer	=	___oreógrafo
choir	=	___oro
cholesterol	=	___olesterol
chlorine	=	___loro

Nombre ______________________ Fecha ____________

Unidad 4, Lección 1

A **¿Adónde iban?** Maribel estuvo en muchas partes de la ciudad ayer y vio a varias personas a una distancia. Ahora está preguntando adónde iban en el momento en que los vio. Completa las conversaciones con el imperfecto de **ir.**

MODELO *Maribel:* ¿Adónde **iba** Enriquito ayer vestido tan guapo?
Mamá: **Iba** a la fiesta de un amiguito.

1. *Maribel:* ¿Adónde __________ ustedes ayer cuando los vi en la calle?
   Nanci y Juan: __________ al centro.
2. *Maribel:* ¿Adónde __________ ayer después de la escuela?
   Arnoldo: ¿Yo? __________ a la casa de Tencha para ayudarla con los quehaceres.
3. *Maribel:* ¿Adónde __________ papá con tanta prisa ayer por la mañana?
   Mamá: __________ a la oficina a hablar con un cliente nuevo.
4. *Maribel:* ¿Adónde __________ los vecinos ayer con sus maletas?
   Mamá: __________ al aeropuerto. Se __________ de vacaciones.
5. *Maribel:* ¿Adónde __________ usted cuanda la vi ayer saliendo de la tienda?
   Sra. Chan: __________ a la boda del hijo de una amiga.

B **El abuelo recuerda.** El abuelo de Estela le está contando cómo eran sus vidas hace muchos años. ¿Puedes completar sus recuerdos con el imperfecto de **ser, ir** o **ver?**

1. En esos días, tu abuela y yo __________ jóvenes y teníamos muchas aspiraciones. __________ a cambiar el mundo.
2. Yo __________ muy sentimental. Le compraba rosas a tu abuela todos los fines de semana. __________ a la florería de la esquina. El dueño __________ un buen amigo mío.
3. Tu papá __________ muy aficionado al fútbol americano. __________ a los partidos del equipo del pueblo todos los viernes.
4. Tus tíos __________ muy irresponsables en esos días. __________ televisión hasta las dos o tres de la mañana.
5. Les encantaba ir al circo a ti y a tu hermanito. __________ y pasaban todo el día allí. __________ los elefantes y se asustaban.
6. Tú __________ muy trabajadora. Siempre decías que __________ a ir a Harvard. __________ posibilidades donde los demás __________ dificultades.

Nombre ______________________________ Fecha ______________

C **¡Fiesta!** Los García dieron una fiesta anoche. Pero antes de la fiesta, todos tuvieron que ayudar con los quehaceres. ¿Qué estaban haciendo todos los miembros de la familia García ayer por la tarde antes de la fiesta?

1. Randy

____

2. Nellie y Ramiro

____

3. el señor García

____

4. yo

____

5. mi abuela

____

6. la señora García

____

7. nosotros

____

8. mi abuelo

____

Nombre ______________________________ Fecha ______________

D **Los veranos.** Chelito tiene unos recuerdos de cómo pasaba los veranos de su niñez en Texas. ¿Qué recuerda?

MODELO yo: jugar tenis todos los días
Yo jugaba tenis todos los días.

1. mi hermano Sergio: ayudarle a papá en su oficina.
____
2. mi hermana y yo: ver las telecomedias por la tarde
____
3. mis papás, mis hermanos y yo: ir a Matamoros todos los fines de semana
____
4. mi hermana Sara y yo: ir a clase de ballet folklórico y flamenco
____
5. Sergio y Ricardo: jugar a las damas si llover
____
6. Ricardo: practicar básquetbol si hacer sol
____

E **Entrevistas.** Eres el reportero(a) de tu canal de televisión estudiantil. Tienes que entrevistar a tres amigos para preguntarles qué hacían a ciertas edades. Sigue el modelo.

MODELO –¿Qué hacías cuando tenías cinco años?
–Cuando **tenía** cinco años, me **encantaba** bailar. **Bailaba** de todo: salsa, rock, la Macarena. *(tener, encantar, bailar)*

1. –¿Qué hacías cuando tenías seis años?
–Me ____________ subirme a los árboles. Siempre ____________ y ____________. *(encantar, caerse, lastimarse)*
2. –¿Qué hacías cuando tenías diez años?
–¿Yo? Cuando ____________ diez años, ____________ enomarado de los videojuegos. ____________ constantemente. *(tener, estar, jugar)*
3. –¿Qué hacías cuando tenías doce años?
–Yo ____________ muy serio cuando ____________ doce años. ____________ mucho y ____________ muchos artículos informativos en el Internet. *(ser, tener, estudiar, leer)*

Nombre ______________________ Fecha ______________

F **Falsa alarma.** Francisco estaba solo anoche cuando algo pasó y se asustó. ¿Qué le pasó? Completa su narración, según el modelo.

MODELO 7:00 PM salir / todos / de la casa
Eran las siete cuando salieron todos de la casa.

1. 7:15 PM yo / oír / ruido

____

2. 7:20 PM yo / llamar / policía

____

3. 7:30 PM llegar / policía

____

4. 8:00 PM irse / policía

____

5. 8:15 PM sonar / teléfono

____

6. 8:30 PM yo / darse cuenta / ruido / ser / hermano / que perder su llave / no poder / entrar / casa

____

____

G **¡Cómo cambian las cosas!** Al profesor de historia le gusta recordarles a sus estudiantes cuánto ha cambiado la vida en los últimos cien años. ¿Qué les dice a sus estudiantes?

MODELO 10 años: no existe el Internet
Hace diez años no existía el Internet.

1. 20 años: no tenemos teléfonos celulares

____

2. 30 años: no aquilamos videos / tenemos que ir al cine para ver películas

____

3. 60 años: escuchar las noticias en la radio

____

4. 70 años: no vemos televisión porque no existe

____

Nombre ______________________ Fecha ______________

H **Cuando yo era niño(a)...** ¿Qué recuerdas de tu niñez? ¿Cuáles eran tus cosas favoritas cuando eras niño(a)? ¿Qué hacías y qué pensabas y qué te gustaba hacer? Escribe tus recuerdos. Puede ser en forma de carta a un(a) amigo(a), o narración para leerle a tu clase, o entrada en tu diario personal.

Nombre ______________________ Fecha ______________

Vocabulario activo

Quehaceres

barrer el patio *to sweep the patio*
cortar el césped *to mow the lawn*
hacer la cama *to make the bed*
lavar el carro *to wash the car*
la limpieza *housecleaning*
pasar la aspiradora *to vacuum*
pasar un trapo *to dust*
planchar la ropa *to iron (clothes)*
sacar la basura *to take out the trash*

Tesoros

el álbum *album*
la cajita *small box*
la fotografía *photograph*
la jaula *cage*
el zarcillo *earring*

Para jugar

el juego de damas *checkers*
el juguete *toy*
el osito de peluche *teddy bear*

Verbos

acordarse de *to remember*
comportarse *to behave*
ir *to go*
observar *to observe*
reír(se) *to laugh*
separarse *to separate; to distance oneself*
ser *to be*
sonreír *to smile*
ver *to see*

Palabras y expresiones

arriba *above; up*
cuando *when*
el detalle *detail*
la especie *species; kind*
la frecuencia *frequency*
la niñez *childhood, infancy*
el pasado *past*
trágico(a) *tragic*

Enriquece tu vocabulario

Cognados falsos. Beware of false cognates! It is very easy in Spanish to think that a word that looks like an English word has the same meaning. But this is not always the case! Can you put in the correct English meaning of the false cognates listed below?

cognado falso	NO quiere decir	SÍ quiere decir
trapo	≠ *trap*	= *dust rag*
éxito	≠ *exit*	= ______
contestar	≠ *to contest*	= ______
realizar	≠ *to realize*	= ______
carpeta	≠ *carpet*	= ______
sensible	≠ *sensible*	= ______
asistir a	≠ *to assist*	= ______
librería	≠ *library*	= ______
gracioso	≠ *gracious*	= ______
simpático	≠ *sympathetic*	= ______

Nombre ______________________ Fecha ______________

Unidad 4, Lección 2

A **Las piedritas mágicas.** Muchas cosas pasaban simultáneamente en el cuento del gallo de la cresta de oro. ¿Qué pasaba? Sigue el modelo.

MODELO viejita (sembrar una mata de tomate); el viejito (mirarla)
La viejita sembraba una mata de tomate mientras el viejito la miraba.

1. mata de tomate (crecer); viejitos (dormir)

____

2. viejito (subir a la mata); viejita (esperarlo)

____

3. (pasar) algo mágico ; viejita (moler la masa)

____

4. viejitos (ponerse contentísimos); (salir de las piedritas) comida

____

5. viejitos (dormir); hombre (robarse las piedritas)

____

6. vecinos (comer un sabrosísimo banquete); gallo (gritar "ladrón")

____

7. invitados (salir corriendo); gallo (coger las piedritas mágicas)

____

____

8. los tres (vivir felices); (tener) las piedritas mágicas

____

____

____

____

Nombre ______________________ Fecha ______________

B **¡Primos traviesos!** Los primitos de Tere, Chemo y Chema, son muy traviesos *(mischievous)*. Les gusta hacer travesuras cuando vienen a visitarla. Tere le está diciendo a su mamá qué le hicieron los niños cuando ella estaba haciendo varias cosas. ¿Qué le dice?

MODELO hacer la tarea || robar mis bolígrafos
¡Ay, mamá! ¡Hacía la tarea cuando robaron mis bolígrafos!

1. bañarme || apagar las luces
2. dormir || poner la música
3. ver un programa de televisión || cambiar el canal
4. escribir en la computadora || desenchufarla
5. darle de comer al perro || asustarlo
6. hablar por teléfono || empezar a hacer mucho ruido

C **Ahora tú.** Ahora tú escribe seis oraciones describiendo las cosas que hicieron varias personas ayer. No tienes que usar los verbos en la lista.

yo
tú
usted
él / ella [nombre]
nosotros(as)
ustedes
¿?

tocar
bailar
instalar
ganar
gozar
cantar
¿?

de las vacaciones
el partido de tenis
la guitarra en la fiesta de Ana
en la boda de mi hermana
toda la noche
el programa de software nuevo
¿?

1. ______________________
2. ______________________
3. ______________________
4. ______________________
5. ______________________
6. ______________________

Nombre ______________________ Fecha ______________

D **Los tres amigos.** Fernando, Donna y Abel fueron al mismo concierto. Pero Fernando es muy diferente que Donna y Abel. Completa las oraciones para ver cómo son diferentes los tres amigos.

MODELO Fernando: pedirles dinero a sus papás || Donna y Abel: pedirles dinero a sus abuelos
Fernando les pidió dinero a sus papás.
Donna y Abel les pidieron dinero a sus abuelos.

1. Fernando: conseguir un boleto || Donna y Abel: conseguir dos boletos

____

2. Fernando: vestirse de ropa muy elegante || Donna y Abel: vestirse de ropa informal.

____

3. Fernando: preferir sentarse en frente || Donna y Abel: preferir sentarse atrás

____

4. Fernando: divertirse bastante || Donna y Abel: no divertirse tanto

____

5. Fernando: sentirse contento || Donna y Abel: sentirse enfermos

____

6. Fernando: no dormirse durante el concierto || Donna y Abel: dormirse durante el intermedio

____

____

E **¡Mi juguete favorito!** ¿Tienes alguna cosa o juguete de tu niñez, como el osito de peluche de Meche o la jaula del papá de Meche y Diana? Busca en tu casa a ver si encuentras algo que guardaste porque lo querías tanto. Escribe un cuento sobre ese objeto explicando por qué era tan importante para ti.

____

____

____

____

____

____

____

Nombre ______________________________ Fecha ____________________

Vocabulario activo

En la casa
apagar la luz *to turn off the light*
dar de comer *to feed*
el gabinete *cabinet*
sonar (el teléfono) *to ring (phone)*

Verbos
acostumbrarse a *to get accustomed to*
asustarse *to be frightened; to get scared*
convencer *to convince*
morir (ue, u) *to die*
regalar *to give (as a gift)*
supervisar *to supervise*

Palabras y expresiones
el concurso *contest*
en efecto *in fact, actually*
literario(a) *literary*
la paja *straw*
el premio *prize*
el ratoncito *little mouse*
suave *smooth, soft*

Enriquece tu vocabulario

Contestador automático. The answering machine is in everybody's lives all over the world. Read these answering machine messages, and then write your own. Do you want to strike a business-like tone, a friendly tone, or something in between?

¡Hola! La familia Buendía no se encuentra en este momento. Háganos el favor de dejar un mensaje breve. ¡Gracias, y hasta pronto!

Bueno. Se ha comunicado con la Casa Villagran. Favor de dejar su recado después del tono. Alguien le contestará cuanto antes.

¡Saludos, amigos! No puedo contestar tu llamada en este momento pero si me dejas un recado, te llamo el segundo que pueda. ¡Que pases un día maravilloso! ¡Adiós!

____
____
____
____
____

Nombre ______________________ Fecha ____________

Unidad 4, Lección 3

A **La novelista.** Conoces a una novelista famosa. Tú quieres ser escritor(a) y le preguntas dónde estaba cuando escribió su primera novela. Ella te explica. Completa su descripción con el imperfecto de los verbos indicados.

__________ *(estar)* en la Ciudad de México ese verano. __________ *(tener)* un apartamento chiquito, pero cómodo. __________ *(escribir)* todos los días, tres horas por la mañana y tres horas por la tarde. __________ escribiendo una novela de misterio que se __________ *(llamar) La voz del muerto.* __________ *(ir)* a los cafés a mirar a la gente y a buscar ideas para mi novela. __________ *(tomar)* café en el mismo lugar todas las mañanas. __________ *(reunirme)* con mis amigos los fines de semana. A veces __________ *(salir)* de la ciudad para ver el campo. Nos __________ *(gustar)* viajar en autobús. __________ *(ser)* un verano muy feliz. __________ *(sentirme)* independiente y creativa. El mundo me __________ *(parecer)* un lugar hermoso y lleno de posibilidades.

B **La tragedia.** Estos alumnos son parte del club de drama en su colegio. Anoche presentaron su primera obra de teatro del año. ¡Vino todo el pueblo a verlos! ¿Cómo se sentían?

MODELO el actor principal • nervioso
El actor principal estaba nervioso.

1. la actriz principal • dolor de estómago
____
____
2. la directora • desesperado
____
____
3. los extras • tranquilo
____
____
4. la narradora • dolor de cabeza
____
____
5. los cantantes • asustado
____
____
6. los padres de los actores • feliz, pero nervioso
____
____
7. los ayudantes • preocupado
____
____
8. el público • contento
____
____

Nombre ______________________________ Fecha ____________________

C **¡Qué susto!** Este chico está recordando un incidente de su pasado que lo dejó impresionado. Completa su narración con el imperfecto o el pretérito de los verbos indicados.

Cuando ____________ *(tener)* diez años mi familia y yo ____________ *(vivir)* en un pueblito en Nueva Jersey. ____________ *(ser)* un pueblito muy chiquito, y nunca ____________ *(haber)* nada que hacer. Mis amiguitos y yo ____________ *(aburrirnos)* y ____________ *(tratar)* de pensar en cosas que hacer para divertirnos. Un día ____________ *(hacer)* algo que nunca se me va a olvidar.

____________ *(ser)* un día espectacular de verano. El sol ____________ *(brillar)*, no ____________ *(hacer)* mucho calor, y en general ____________ *(sentirnos)* felices que no ____________ *(estar)* en la escuela. ____________ *(decidir)* ir a la casa vieja que ____________ *(estar)* en las afueras del pueblo. No ____________ *(vivir)* nadie en esa casa. La gente del pueblo ____________ *(decir)* que estaba embrujada. Pero ____________ *(ser)* jóvenes, valientes, y no le ____________ *(tener)* miedo a nada.

Cuando ____________ *(llegar)* a la casa, mi amigo Chacho ____________ *(decir)* —¿Por qué no entramos? A ver qué hay.— Nadie ____________ *(querer)* aparecer miedoso. En realidad, yo no ____________ *(querer)* entrar porque la casa me ____________ *(parecer)* enorme y ¿quién ____________ *(saber)* si había animales como ratas o serpientes?

____________ *(entrar)* a la casa muy quietitos. Miguel ____________ *(empezar)* a subir las escaleras. Las puertas ____________ *(empezar)* a abrirse y cerrarse furiosamente. Se ____________ *(oír)* gemidos y quejidos. ¡Qué susto nos dio! ____________ *(empezar)* a gritar. Nos quedamos asombrados cuando el candelabro ____________ *(caerse)* del techo y ____________ *(quebrarse)*. ____________ *(correr)* como locos hasta que llegamos a casa. Mi corazón ____________ *(palpitar)* furiosamente. Cuando me ____________ *(preguntar)* mi mamá qué ____________ *(tener)*, le ____________ *(decir)* que nada. Esa noche no ____________ *(dormir)* ni un segundo. No ____________ *(poder)* cerrar los ojos en toda la noche.

Nombre ______________________ Fecha ______________

D **Mi película.** Las películas frecuentemente abren con la voz de un narrador adulto describiendo su niñez. De esta manera el público empieza a conocer los orígenes del personaje. Mientras se oye la voz del adulto, se ven las acciones del niño.

Escribe una narración para una película describiendo tu pasado o el pasado imaginario de un personaje que inventas. Graba tu narración con una cámara de video, si tienes una o conoces a alguien que te preste una. ¡Es tu primer guión *(screenplay)*! Sé original.

DIRECTOR

TOMA 27 1

Nombre ______________________ Fecha ______________

Vocabulario activo

Descripciones
anciano(a) *old, elderly*
asombrado(a) *amazed, astonished*
asustado(a) *frightened*
desesperado(a) *desperate*
sabio(a) *wise*

Sustantivos
el campo *country; field*
el cochino *pig*
el edificio *building*
el hocico *snout (animal)*
la migaja *small bit of bread*
la orilla *bank of a river, shore*
la voz *voice*

Verbos
atrapar *to nab; to trap*
corregir *to correct*
criar *to raise*
esconderse *to hide oneself*

Enriquece tu vocabulario

Para conversar. Conversations in any language contain a lot of "linking words" like *and, well, besides,* etc. Learn some linking words and phrases that you can use in your Spanish conversations! Test them out in class in your pair and group activities.

Affirmation
¡Claro que sí! *Absolutely! Of course!*
¡Por supuesto que sí! *Absolutely! Of course!*
Así es. *That's the way it is.*

To add ideas
además *in addition*
y *and*
también *also, too*
a la vez *at the same time*
asimismo *likewise*

Negation
¡Claro que no! *Absolutely not! Of course not!*
¡Por supuesto que no! *Absolutely not! Of course not!*
No es así. *That is NOT how it is.*
en absoluto *in no way, shape or form*

Interjections
¡Vaya! *Well, well!*
¡Pues! *Well!*
¡Vamos! *Really! Come on!*

¡To show immediacy!
cuanto antes ASAP
en seguida *right away*
inmediatamente *immediately*

Nombre ______________________ Fecha ____________

Unidad 5, Lección 1

A **Ojalá.** Estudia los dibujos y el modelo. ¿Qué dice cada persona en su situación?

MODELO tú: adelgazar un poco
El niño: **Ojalá (que) adelgaces un poco.**

3. él: planchar la ropa antes de salir

   Chica: ______________________

1. tú: engordarte un poco

   Mamá: ______________________

4. ella: tocar la guitarra

   Chico: ______________________

2. tú: prestarme tu bicicleta

   Yo: ______________________

5. nosotros: ganar esta vez

   Chica: ______________________

Nombre ______________________ Fecha ______________

B **El debate político.** Los candidatos políticos nunca están de acuerdo. Completa el debate entre estos dos candidatos para conocer sus posiciones.

MODELO #1: necesario (subir los impuestos)
#2: importante (NO subir los impuestos)
Candidato #1: **Es necesario que subamos los impuestos.**
Candidato #2: **¡Es importante que NO subamos los impuestos!**

1. #1: mejor (cambiar el sistema de asistencia médica)
#2: imposible (cambiar el sistema de asistencia médica)

Candidato #1: ______________________

Candidato #2: ______________________

2. #1: dudoso (tú poder acabar con el crimen urbano)
#2: seguro (yo poder acabar con el crimen urbano)

Candidato #1: ______________________

Candidato #2: ______________________

3. #1: recomendable (reducir el nivel de contaminación en las ciudades)
#2: preciso (reducir el nivel de contaminación en las ciudades)

Candidato #1: ______________________

Candidato #2: ______________________

4. #1: probable (para el año 2000 haber carros eléctricos para todos)
#2: improbable (para el año 2000 haber carros eléctricos para todos)

Candidato #1: ______________________

Candidato #2: ______________________

5. #1: probable (tú no cumplir con tus promesas)
#2: curioso (tú decir eso, señor NuncaDigoLaVerdad)

Candidato #1: ______________________

Candidato #2: ______________________

6. #1: necesario (tú perder la elección)
#2: más probable (tú perder la elección)

Candidato #1: ______________________

Candidato #2: ______________________

Nombre ______________________ Fecha ______________

C **Quizás.** ¿Qué dicen estas personas? Usa el subjuntivo de los verbos **dar, estar, ir, saber, haber, ver** y **ser** para descubrirlo.

MODELO Tengo mucha sed. Quizás tus primos nos __den__ un refresco.

1. ¡Qué nerviosos estamos! Quizás ____________ más tranquilos después del examen.
2. No tengo auto hoy. Quizás ____________ modo de llegar a pie.
3. Tengo cuatro boletos. Quizás Tamara y Eldon ____________ al concierto con nosotros.
4. Anda, pregúntale a ese señor. Quizás ____________ cómo llegar a esa dirección.
5. Todavía me queda hambre. Quizás ____________ más tortillas en el refrigerador.
6. Vas a la fiesta de Esmeralda, ¿no? Quizás ____________ a Julio allí.
7. No lo conozco muy bien, pero quizás ____________ el mejor candidato para el puesto.
8. ¡De qué mal humor están los niños! Quizás ____________ menos negativos después que descansen un rato.

D **Yo, el candidato.** Imagínate que eres un(a) candidato(a) para un puesto en el gobierno (de tu colegio, de tu ciudad, de tu estado, ¡del país!) Va a haber un debate y vas a tener que expresar tu posición sobre varios temas. Prepara por lo menos seis oraciones que describan tus opiniones. Primero, decide qué quieres ser: alcalde, presidente, gobernador, etc. y luego piensa en los temas importantes para ese cargo.

MODELO **Quiero ser gobernador del estado de California. Mis posiciones son éstas:**
- **Es necesario que reduzcamos la contaminación creada por los automóviles.**

¡VOTA SÍ!

____

____

____

____

____

____

____

____

____

____

¡VOTA NO!

Nombre ______________________ Fecha ______________

Vocabulario activo

Salud y ejercicio

adelgazar *to reduce weight, slim down*
aeróbico(a) *aerobic*
la dieta *diet*
el dulce *candy*
la energía *energy*
engordar(se) *to gain weight*
la galleta *cookie*
la galletita *small cookie*
la medicina *medicine*
nutritivo(a) *nutritious*
las pesas *weights*
la piscina *swimming pool*
el sueño *sleep; dream*

Sustantivos

la contaminación *pollution*
el crimen *crime*
la chuchería *candy, junk food*
la esperanza *hope*
el (la) instructor(a) *instructor*
la mansión *mansion*
el (la) millonario(a) *millionaire*
la papita frita *french fry*
la recomendación *recommendation*
el (la) socio(a) *member*

Expresiones impersonales

es cierto *it is certain, true*
es claro *it is clear*
es dudoso *it is doubtful*
es obvio *it is obvious*
es preciso *it is necessary*
es probable *it is probable*

Verbos en presente del subjuntivo

aprender *to learn*
dar *to give*
decir *to say; to tell*
estar *to be*
exigir *to demand, require*
inventar *to invent*
ir *to go*
nadar *to swim*
necesitar *to need*
prestar *to lend, give*
saber *to know, to know how*
salir *to leave, go out*
ser *to be*
tener sueño *to be sleepy*
trabajar *to work*
ver *to see*

Palabras y expresiones

afortunadamente *fortunately*
dormido(a) *asleep*
mundial *world-wide*
ojalá *let's hope that; I hope that*
olímpico(a) *Olympic*
¡Qué caballero! *What a gentleman!*
quizás *perhaps*
recomendable *advisable*
unido(a) *united*

Enriquece tu vocabulario

Lo que. **Lo que** is a construction that comes in handy. It means "what." Study the following uses and see if you can incorporate it into your everyday speech.

Lo que de veras quiero hacer es estudiar en España.
Todo **lo que** dices es verdad.
¿Qué es **lo que** hiciste ayer?
Lo que más me gustó fue la música.
Haz lo **que** quieras.
No entiendo **lo que** dices.

Nombre ______________________________ Fecha ____________

Unidad 5, Lección 2

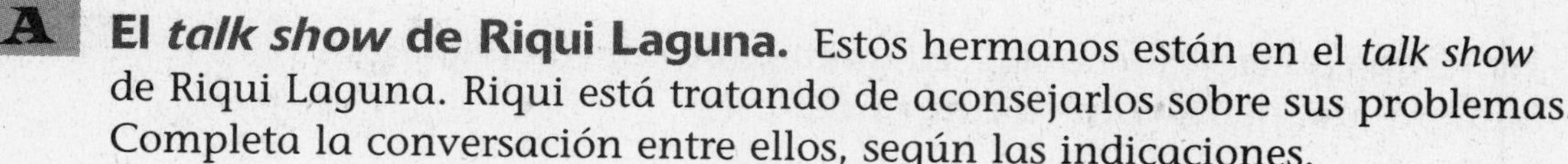

A **El *talk show* de Riqui Laguna.** Estos hermanos están en el *talk show* de Riqui Laguna. Riqui está tratando de aconsejarlos sobre sus problemas. Completa la conversación entre ellos, según las indicaciones.

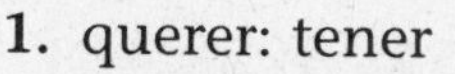

1. querer: tener
2. recomendar: ponerse de acuerdo
3. querer: cambiar
4. insistir: cambiar
5. preferir: quedarse
6. aconsejarte: decirles
7. sugerir: ir
8. hablar
9. querer: encontrar

Riqui: ¿Cuál es el problema entre ustedes?

Hermana: Pues, ella siempre se tarda horas en el baño. Yo también tengo que arreglarme para ir a la escuela, pero para cuando sale, ya no me queda mucho tiempo.

Hermana: ¿Qué quieres que haga?

Hermana: (1)____________________ más consideración para los demás. Que no sólo pienses en ti misma.

Riqui: (2)______________________________. Una hermana media hora y otra hermana media hora. Pueden alternar quién entra primero.

Riqui: Y ustedes, ¿por qué están aquí?

Hermano: Pues él es el preferido de la familia porque es el bebito. Aunque yo soy el mayor, él tiene el cuarto más grande.

Riqui: ¿Qué quieres que haga?

Hermano: (3)____________________de cuartos conmigo.

Riqui: Tu hermano (4)____________________ de cuarto con él. ¿Qué piensas?

Hermano: (5)____________________ en su cuarto, y yo en el mío.

Hermano: ¡Ya ves cómo es! ¡Muy egoísta!

Riqui: Mira, (6)______________________ a tus padres cómo te sientes.

Hermano: Es buena idea.

Riqui: (7)____________________ a sus casas y (8)________________ más sobre sus problemas, tranquilamente. (9)¡____________________ soluciones!

Nombre ______________________ Fecha ______________

B **¡HotLine Nueva York!** Eres el (la) consejero(a) que contesta los teléfonos en HotLine Nueva York. ¿Qué les sugieres a las personas que te llaman?

MODELO No sé qué quiero ser cuando sea adulto. *(pensar en tu futuro)*
Sugiero que pienses en tu futuro.

1. No me gusta hacer la tarea y siempre espero hasta que es muy tarde y me tengo que acostar. *(comenzar tu tarea inmediatamente)*

   ____

2. Cuando salgo con mis amigos, nunca llevan dinero y siempre tengo que pagar. *(todos contar su dinero antes de salir)*

   ____

3. Cada año, a mi hermano y a mí se nos olvida mandarle un regalo a nuestra abuelita en Puerto Rico para sus cumpleaños. Le duele mucho que se nos olvide. *(recordar el cumpleaños de su abuelita este año)*

   ____

4. Mi papá es muy exigente y estricto. No me permite salir por la noche durante la semana. Dice que es mejor que estudie. *(entender la posición de tu padre)*

   ____

5. Mi novia y yo nunca estamos de acuerdo. Si yo quiero ir al cine, ella quiere ir a tomar un café. Si yo quiere ir a tomar un café, ella quiere ir al cine. *(encontrar la solución entre ustedes)*

   ____

C **Los campeones.** El consejo estudiantil (student council) va a darles una fiesta a los jugadores del equipo de fútbol porque son los campeones del estado. Los miembros del club están haciendo planes. ¿Qué dicen?

MODELO Es importante que **consigamos** músicos buenos. *(nosotros: conseguir)*

1. Recomiendo que ______________ algo fácil de cocinar. *(nosotros: servir)*
2. Ojalá nos ______________ cuántos invitados van a atender. *(ellos: decir)*
3. Sugiero que ______________ de futbolistas. *(nosotros: vestirnos)*
4. Quiero que ______________ una foto del equipo. *(nosotros: pedir)*
5. Espero que el entrenador ______________ los nombres de los jugadores.

   (entrenador: repetir)
6. Ojalá ______________ la tradición de todos los años. *(jugadores: seguir)*

Nombre ______________________ Fecha ____________

D **Deseos.** Lee las situaciones. ¿Qué les dices a las personas que les deseas?

divertir

MODELO Tus amigos van al parque de diversiones.
¡Que se diviertan!

1. Usted se va mañana a México para las vacaciones.
____
2. Nosotros vamos a pasar el fin de semana en la playa.
____
3. Tú vas a pasar el semestre en España.
____

dormir

MODELO Tu hermanita se va a acostar. *(con los angelitos)*
¡Que duermas con los angelitos!

4. Tus tíos te dicen buenas noches. *(bien)*
____
5. Los perros ladran mucho. Los pusimos afuera antes de acostarnos. *(sin interrupciones)*
____
6. Usted está cansada y necesita descansar. *(tranquila)*
____

E **Consejero(a) de la radio.** Eres el (la) consejero(a) de la radio. Te llaman cinco personas con cinco problemas distintos. ¿Qué les sugieres? Primero decide cuáles son sus problemas: el amor, la dieta, los hermanos, el colegio o el trabajo. Entonces aconséjalos lo mejor que puedas.

Llamada #1: ______________________

Tú: ______________________

Llamada #2: ______________________

Tú: ______________________

Llamada #3: ______________________

Tú: ______________________

Llamada #4: ______________________

Tú: ______________________

Llamada #5: ______________________

Tú: ______________________

Nombre ______________________ Fecha ______________

Vocabulario activo

Salud
la grasa *grease*
grasoso(a) *fatty, greasy*
el líquido *liquid*
la nutrición *nutrition*
el peso *weight*
el régimen *regimen, diet*
saludable *healthful, healthy*
el vegetal *vegetable*

Descripción
atento(a) *attentive*
balanceado(a) *balanced*
cortés *courteous*
deprimido(a) *depressed*

Verbos
aconsejar *to advise*
animar *to encourage, cheer up; to enliven*
divertirse *to have a good time*
dormirse *to go to sleep; to fall asleep*
estar muerto(a) *to be dead*
importar *to be important*
insistir en *to insist on*
pedir *to ask for; to request*
pensar *to think*
poder *to be able to*
quitar *to take away, remove*
respirar *to breathe*
seguir *to follow*
sentirse *to feel*
sugerir *to suggest*

Palabras y expresiones
el (la) buen(a) mozo(a) *good young man; good young woman*
la carrera *career, profession*
la demostración *demonstration*
la especialidad *specialty*
la excusa *excuse*
la gasolinera *service station*
el litro *liter*
¡No es para tanto! *It's not that big a deal! It's not that bad!*
el (la) veterinario(a) *veterinarian*

Enriquece tu vocabulario

La terminación *-ción*. In this lesson, you learned that "**nutrición**" means *"nutrition."* Notice that the Spanish ending **-ción** is replaced in English by the ending *-tion*. Can you complete these definitions with the correct **-ción** word? Notice that if the plural **-ciones** is required, the accent on the **o** disappears.

1. Si construyes algo, es una **construcción.**
2. Si confirmas lo que oyes, das tu ______________.
3. Si adaptas un cuento del original, es una ______________.
4. Si reservas un cuarto en un hotel, haces una ______________.
5. Si le informas a tu madre de algo, le das toda la ______________ que tienes.
6. Si decoras un árbol de Navidad, usas varias ______________.
7. Si pronuncias la frase bien, tienes buena ______________.
8. Si contribuyes dinero a una organización, le das tu ______________.
9. Si corriges el ensayo de tu primo, le das tus ______________.
10. Si produces un video, es tu ______________.
11. Si elegimos alguien de presidente, él o ella gana las ______________.

Nombre ______________________ Fecha ____________

Unidad 5, Lección 3

A **Meche y Luis.** ¿Cómo se sienten Meche y Luis? Escribe sus sentimientos según el modelo.

MODELO encantarme: (Luis y yo) estar en el mismo colegio
Me encanta que estemos en el mismo colegio.

Sola y triste

1. gustarme: (Luis) acompañarme a casa después de clases
2. ofenderme: (Luis) tratarme como a una hermana
3. entristecerme: (Luis) no darse cuenta de mí
4. estar contento: (Luis y yo) estar en la misma clase de ejercicios aeróbicos
5. esperar: (Luis y yo) poder ser más que amigos

Desesperado

6. temer: (Diana) querer a mi hermano y no a mí.
7. desesperarme: (yo) no poder llamarle la atención
8. molestar: (Diana) tratarme como a un niño
9. ofenderme: (Diana) no verme como hombre
10. desesperarme: (yo) no poder hablar a solas con ella
11. temer: (su hermana) estar enamorándose de mí
12. esperar: (su hermana) no querer ser más que amigos

Nombre ______________________ Fecha ______________

B **Las ánimas.** ¿Cómo se sienten estos personajes de la leyenda ***Las ánimas***? Describe sus situaciones, según el modelo. (Recuerda la regla sobre cuándo se usa el subjuntivo y cuándo se usa el infinitivo.)

MODELO la vieja: temer / morir y dejar a la pobre sobrina sin esposo
La vieja teme morir y dejar a la pobre sobrina sin esposo.

1. la tía: querer / el indiano / casarse con su sobrina

____

2. el indiano: querer / futura novia / saber hilar, coser y bordar

____

3. la muchacha: sentir / no saber hilar, coser y bordar

____

4. las ánimas: querer / la muchacha / invitarlas a su boda

____

5. el indiano: alegrarse / novia / ser la más capaz de toda España

____

6. el novio: temer / esposa / ponerse tan fea como las ánimas

____

C **¿Y tú?** ¡Escribe cinco oraciones describiendo cómo te sientes tú! Ya están empezadas las oraciones.

1. Estoy contento(a) de que ______________________
2. Estoy alegre de que ______________________
3. Estoy triste de que ______________________
4. Estoy furioso(a) de que ______________________
5. Estoy preocupado(a) de que ______________________

Nombre ______________________________ Fecha ______________

D **Clara Consejera.** Escríbele una carta a Clara Consejera pidiéndole consejos sobre algún problema que necesites resolver. Si no tienes ningún problema, ¡inventa uno!

Nombre ______________________________ Fecha ______________

Vocabulario activo

Sentimientos
alegrarse *to be glad, be happy*
el amor *love*
calmarse *to calm oneself*
confundido(a) *confused*
enamorado(a) *in love*
enfurecer *to infuriate*
enojar *to anger*
entristecer *to sadden*
estar loco(a) por *to be crazy about*

Palabras y expresiones
aunque *though, although*
complicado(a) *complicated*
el (la) consejero(a) *counselor, adviser*
el chisme *gossip, tale*
darse cuenta de *to realize*
hacer(le) caso (a alguien) *to pay attention (to some-one)*
lastimar *to hurt, to offend*
molestar *to disturb; to bother*
ponerse en línea *to get into shape, slim down*
el resultado *result*
titular *title, headline*
universitario(a) *university student; pertaining to the university*

Enriquece tu vocabulario

Dar. You've learned a lot of phrases that use "**dar**" or "**darse.**" You learned "**darle de comer**," "**dar miedo**" in previous lessons, and in this lesson "**darse cuenta**". **Dar** is another one of those verbs that pops up in many different situations. Given the context of the statements, can you match them to their correct meaning?

_____ 1. ¿**Qué dan** esta noche en la tele?
_____ 2. Sus consejos me **dieron ánimo**.
_____ 3. **No le des cuerda** a esa niña. No puede dormir por todos los dulces que se comió.
_____ 4. **No me des guerra**. Así va a ser y no va a haber ninguna discusión.
_____ 5. **Dame razón** de tu hermano Héctor.
_____ 6. Las direcciones fueron tan malas que nunca **dimos con** la casa.
_____ 7. **No le des la vuelta** más. Toma una decisión.
_____ 8. **Dame una mano** con este sofá. Lo quiero mover al otro cuarto.
_____ 9. ¿Por qué no **damos un paseo**? Está bonita la noche.
_____ 10. **Me da igual.** La película de aventura o la película de amor. Tú escoge.
_____ 11. ¿**No te da vergüenza** que tu hermanito sacó mejores notas que tú?

a. don't avoid it
b. go for a walk
c. lifted my spirits
d. what's on
e. aren't you embarrassed
f. don't wind up
g. give me a hand
h. don't argue with me
i. it makes no difference to me
j. give me news
k. we never found it

Nombre ______________________________ Fecha ________________

Unidad 6, Lección 1

A **¿Me acompañas?** En la primera situación, tú tienes dos boletos para un partido de béisbol. Invita a un(a) amigo(a) que te acompañe. ¿Qué te responde? En la segunda situación, un(a) amigo(a) tiene dos boletos para una obra de teatro. Te invita que lo (la) acompañes. ¿Qué le respondes?

¡BÉISBOL! ¡BÉISBOL! ¡BÉISBOL!
Los Yanquis de Nueva York
contra
Los Calcetines Rojos
de Boston
Partido de exhibición
entre
¡los rivales del siglo!
2780611
PARQUE FENWAY
2:00 de la tarde
sábado, 13 de junio

¡BÉISBOL! ¡BÉISBOL!
2780612
PARQUE FENWAY
2:00 de la tarde
sábado, 13 de junio

1. *Tú:* ______________________________
   Amigo(a): ______________________________
   Tú: ______________________________
   Amigo(a): ______________________________
   Tú: ______________________________
   Amigo(a): ______________________________

2. *Amigo(a):* ______________________________
   Tú: ______________________________
   Amigo(a): ______________________________
   Tú: ______________________________
   Amigo(a): ______________________________
   Tú: ______________________________

Nombre ______________________ Fecha ______________

B **Las dudas.** ¿Puedes completar los pensamientos de las siguientes personas? Están teniendo dudas sobre sus situaciones particulares.

MODELO (yo) dudar que / (tú) vas a tener tiempo para ayudarme
–¡Tienes mucho que hacer! **Dudo que vayas a tener tiempo para ayudarme.**

1. dudoso que / hacerlo

   –Tatiana iba a lavar el carro hoy. ______________________

2. posible que / llover

   –Está muy nublado. ______________________

3. imposible que / (nosotros) ganar este partido

   –______________________. Ese equipo nunca pierde.

4. probable que / (nosotros) tener que esperar

   –Hay mucha gente en fila. ______________________

5. improbable que / (tu hermano) llegar antes de las diez

   –______________________.

   Son seis horas de camino, y se fue a las cuatro.

6. (yo) dudar que / ser fácil hacerlo

   –Tengo que cambiar la batería del carro. ______________________

C **Testigo.** Este señor fue testigo *(witness)* de un accidente automovilístico. Ahora está dando su testimonio en la corte. ¿Cómo contesta las preguntas del abogado?

MODELO ***Abogado:*** ¿Es verdad que usted vio el accidente que ocurrió el 12 de septiembre en la calle Ponce?
Testigo: Sí. **Es verdad que yo vi el accidente.**

1. ***Abogado:*** ¿Es cierto que el accidente ocurrió entre un carro azul y uno verde?

   Testigo: Sí. ______________________

2. ***Abogado:*** ¿Es evidente quién tuvo la culpa? *(el chofer del carro verde)*

   Testigo: Sí. ______________________

3. ***Abogado:*** ¿Es obvio por qué? *(el chofer del carro verde no vio el carro azul)*

   Testigo: Sí. ______________________

4. ***Abogado:*** ¿Está claro que el chofer del carro azul, **MI** cliente, es inocente?

   Testigo: Sí. ______________________

   Abogado: Gracias. Descansa la defensa.

Nombre ______________________ Fecha ____________

D **¿Qué crees tú?** Sales del cine con un(a) amigo(a) y un encuestador empieza a hacerles preguntas. Tú y tu amigo tienen diferentes opiniones. ¿Cómo le responden al encuestador?

MODELO ¿Crees que [...] es el mejor actor del momento?
Tú: **Sí, creo que [...] es el mejor actor del momento.**
Tu amigo(a): **No, no creo que [...] sea el mejor actor del momento.**

1. ¿Crees que ... es la mejor película del año?
   Tú: ______________________
   Tu amigo(a): ______________________
2. ¿Crees que les pagan demasiado a los actores?
   Tú: ______________________
   Tu amigo(a): ______________________
3. ¿Crees que las películas cuestan mucho para producir?
   Tú: ______________________
   Tu amigo(a): ______________________
4. ¿Crees que es mejor ver las películas en el teatro o esperar hasta que salgan en video?
   Tú: ______________________
   ____
   Tu amigo(a): ______________________
   ____

E **Mireya.** Mireya tiene un apartamento nuevo y está enseñándole varias cosas a su prima Selena. Le explica cómo las obtuvo. ¿Qué le dice?

MODELO (el cuadro): comprar / mi tío de Monterrey
–¿Te gusta? **Me lo compró mi tío de Monterrey.**

1. (la lámpara): vender / muy barata / el Sr. Ramos
   –Es bonita, ¿no? ______________________
2. (el sofá): guardar / mamá / mientras yo estaba en la universidad
   –Es cómodo. ______________________
3. (las mesitas): dar / mis tíos de San Antonio
   –Son muy útiles. ______________________
4. (los estantes): dar / mi abuelita / para mi cumpleaños
   –¿Te gustan? ______________________
5. (el escritorio): regalar / para mi cumpleaños / mi adorada tía Silvia
   –¡Qué lindo!, ¿no? ______________________

Nombre ______________________ Fecha ______________

F **¿Sí o no?** Primero quieres que tu amigo(a) haga algo, y entonces cambias de opinión y no quieres que lo haga. ¿Qué le dices? Sigue el modelo.

MODELO dar
Dámelo. No, mejor no me lo des.

1. comer
____
____
____

2. traer
____
____
____

3. poner
____
____
____

4. comprar
____
____
____

5. servir
____
____
____

6. cambiar
____
____
____

G **Tenemos que revisarlo.** Cuando hacemos algo, es importante que otra persona lo revise. Así podemos asegurarnos que todo salió bien. ¿Quién va a revisarle los trabajos a quién? Sigue el modelo.

MODELO papá: la tarea que hice para mañana
Me la va a revisar. o **Va a revisármela.**

1. tú: el informe que escribí para la clase de geografía
____

2. mamá: la composición que escribiste para la clase de inglés
____

3. mamá y papá: el cuento que escribimos juntos
____

4. mamá: la maleta que empacamos para el viaje
____

5. yo: el trabajo que hiciste en el carro
____

6. el abogado: mi documento legal
____

Nombre ______________________ Fecha ____________

H **Curiosa.** ¡Tu hermanita curiosa quiere saber todo! ¿Cómo le contestas sus preguntas? Sigue el modelo.

MODELO –¿Te está leyendo el cuento?
–Sí, me lo esta leyendo. o **Sí, está leyéndomelo.**

1. –¿Te está limpiando el cuarto?

____

2. –¿Te está preparando la cena?

____

3. –¿Te está escribiendo la carta de recomendación?

____

4. –¿Te estás tomando la limonada?

____

5. –¿Te estás comiendo el sándwich entero?

____

6. –¿Te estás poniendo el chaleco de colores?

____

I **Cuestionario.** Escribe un cuestionario para descubrir las opiniones de tus amigos. Luego, pregúntales a dos amigos qué piensan y escribe sus respuestas aquí.

EJEMPLO **¿Crees que todo va a cambiar en el año 2000?**

1. ______________________________

Amigo 1: ______________________________

Amigo 2: ______________________________

2. ______________________________

Amigo 1: ______________________________

Amigo 2: ______________________________

3. ______________________________

Amigo 1: ______________________________

Amigo 2: ______________________________

4. ______________________________

Amigo 1: ______________________________

Amigo 2: ______________________________

Nombre ______________________ Fecha ____________

Vocabulario activo

Acampar
anochecer *to get dark, to become nighttime*
la batería *battery*
la carretera *highway*
el saco de dormir *sleeping bag*
la sierra *ridge (of mountains)*

Verbos
aguantar *to bear, endure, put up with*
colgar *to hang up*
dudar *to doubt*
revisar *to look over, examine*
sospechar *to suspect*

Palabras y expresiones
exagerado(a) *exaggerated*
el genio *genius*
¡que les vaya bien! *have a good time! hope it goes well!*
¡quíhubole! *what's happening?; what's up?*
sucio(a) *dirty*

Enriquece tu vocabulario

Palabras relacionadas. Words can multiply! You just learned the infinitive "**dudar**" *(to doubt)* in this lesson, and you learned the adjective "**dudoso**" *(doubtful)* in Lesson 5.1. So you won't be surprised when you learn that the noun "**duda**" means "*doubt*". Can you fill in the missing related words?

Infinitivo	Adjetivo	Sustantivo
dudar	**dudoso**	**duda**
limpiar		
contaminar		
recomendar		
entristecer		
alegrar		
expresar		
inventar		
trabajar		
desesperar		
prestar		
nutrir		

Nombre ______________________ Fecha ______________

Unidad 6, Lección 2

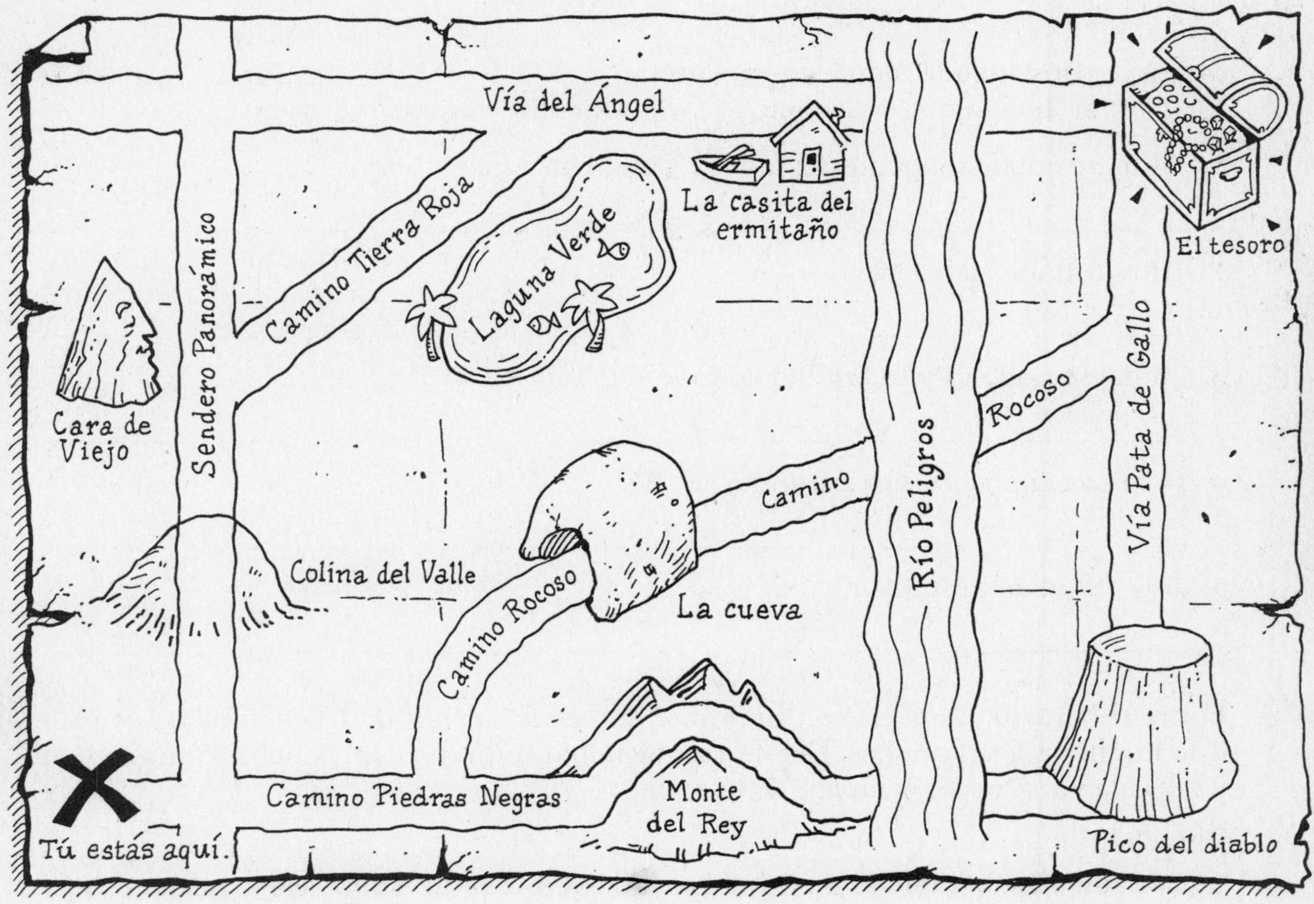

A **El tesoro.** Encontraste este mapa. Parece ser muy viejo. Indícale a un(a) amigo(a) cómo llegar al tesoro, empezando en la equis. ¡Está muy peligroso, así que tienes que dar instrucciones muy exactas!

____

____

____

____

____

____

____

____

____

Nombre ______________________________ Fecha ____________________

B **Una nueva amiga.** Acabas de conocer a Martina, una nueva estudiante en tu colegio. Te hace muchas preguntas sobre cosas que has hecho en tu vida. ¿Cómo le respondes?

MODELO ¿Has viajado alguna vez a Europa?
Sí, he viajado a Europa. o **No, nunca he viajado a Europa.**

1. ¿Han acampado alguna vez tú y tu familia en Aguirre Springs?

____

2. ¿Has visitado «La cueva»?

____

3. ¿Han esquiado tu y tu familia en Colorado alguna vez?

____

4. ¿Has escuchado música peruana?

____

5. ¿Has estudiado francés?

____

C **El universitario.** Raúl está en su primer año en la universidad. Echa mucho de menos a su familia y a sus amigos. Le está escribiendo a su primo explicándole cómo se siente y cómo le va. ¿Puedes completarle la carta?

Querido primo,

¡Saludos! Ya sabes que es mi primer semestre en la universidad. **He asistido** *(asistir)* a clases sólo una semana. La verdad es que me ______________ *(sentir)* un poco solo. ¡Echo de menos a mi familia! Yo siempre ______________ *(vivir)* en casa. Todavía no me acostumbro a mi nuevo dormitorio. No ______________ *(dormir)* muy bien.

Las clases las encuentro interesantes, pero ¡extremadamente exigentes! Papá me ______________ *(sugerir)* que estudie en la biblioteca todos los días. Escribí un ensayo para la clase de literatura, pero la profesora todavía no lo ______________ *(corregir)*. ¡Estoy bien preocupado!

Mis abuelos me ______________ *(pedir)* que les escriba una vez por semana. Mamá ______________ *(insistir)* en que la llame todos los domingos. ¡Pero no hay tiempo! ¡Es increíble todo lo que tenemos que hacer!

Sin embargo, mis compañeros de cuarto y yo nos ______________ *(divertir)* mucho. ______________ *(salir)* varias veces. ¡Esta ciudad me encanta!

Bueno, ¡me despido! Tengo que estudiar.

Raúl

p.d. ¡______________ *(yo: crecer)* una pulgada!

Nombre ____________________ Fecha __________

D **Las noticias en el Internet.** Decides leer las últimas noticias en el Internet. Después de leerlas, le explicas a tu compañero qué has leído. Sigue el modelo.

MODELO CyberBanco abre nueva oficina en Nueva York.
Tú: **El CyberBanco ha abierto una nueva oficina en Nueva York.**

1. Presidente dice que va a firmar la nueva legislación
   Tú: ____________________
2. Científicos descubren señales de vida en Marte
   Tú: ____________________
3. John Grisham escribe décima novela
   Tú: ____________________
4. Muere el famoso actor Raúl Julia
   Tú: ____________________
5. NASA pone satélite en Marte
   Tú: ____________________
6. Congreso resuelve problema de desempleo
   Tú: ____________________
7. Tenista Steffi Graf se rompe la pierna
   Tú: ____________________
8. Vemos la devaluación del dólar
   Tú: ____________________
9. Príncipe vuelve de vacaciones en Caribe
   Tú: ____________________

E **Diálogos.** Completa los diálogos de las siguientes personas, según el modelo.

MODELO –¿Han identificado ustedes el problema?
–Sí, **lo hemos identificado**. Una de las terminales está bastante corroída.

1. –¿Te has acostumbrado a la vida de un estudiante universitario?
   –No, todavía no ____________.
2. –¿Han localizado al gato perdido?
   –No, nosotros no ____________.
3. –¿Han mencionado su problema los vecinos?
   –Sí, ____________ varias veces.
4. –¿Le has contestado a tu abuela?
   –No, todavía no ____________.
5. –¿Has escuchado la música de Selena?
   –No, nunca ____________.

Nombre ______________________ Fecha ______________

F **¡Muebles nuevos!** Sus padres han decidido comprarles a ti y a tu hermano(a) muebles nuevos para su dormitorio. Ustedes deciden vender sus muebles viejos a varias personas que conocen. ¿Qué le dicen a sus padres cuando preguntan a quiénes se los van a vender?

MODELO Eduardo
¿La lámpara? Vamos a vendérsela a Eduardo.
¿La lámpara? Se la vamos a vender a Eduardo.

1. Miguel
____
____

2. el profesor Martínez
____
____

3. la señora Gómez
____
____

4. las hermanas Monegal
____
____

5. Adriana
____
____

6. vecino Vargas
____
____

Nombre ______________________ Fecha ______________

G **Encuesta.** Escribes una encuesta porque quieres saber qué han hecho tus compañeros en sus vidas. ¿Qué clase de cosas quieres saber? Escribe por lo menos seis preguntas y haz que tres compañeros te respondan.

EJEMPLOS
- **¿Has visitado una ruina azteca alguna vez?**
- **¿Has viajado en avión alguna vez?**
- **¿Has visto las pirámides en Egipto?**

1. ______________________

Amigo #1: ☐ **Sí** ☐ **No**
Amigo #2: ☐ **Sí** ☐ **No**
Amigo #3: ☐ **Sí** ☐ **No**

2. ______________________

Amigo #1: ☐ **Sí** ☐ **No**
Amigo #2: ☐ **Sí** ☐ **No**
Amigo #3: ☐ **Sí** ☐ **No**

3. ______________________

Amigo #1: ☐ **Sí** ☐ **No**
Amigo #2: ☐ **Sí** ☐ **No**
Amigo #3: ☐ **Sí** ☐ **No**

4. ______________________

Amigo #1: ☐ **Sí** ☐ **No**
Amigo #2: ☐ **Sí** ☐ **No**
Amigo #3: ☐ **Sí** ☐ **No**

5. ______________________

Amigo #1: ☐ **Sí** ☐ **No**
Amigo #2: ☐ **Sí** ☐ **No**
Amigo #3: ☐ **Sí** ☐ **No**

6. ______________________

Amigo #1: ☐ **Sí** ☐ **No**
Amigo #2: ☐ **Sí** ☐ **No**
Amigo #3: ☐ **Sí** ☐ **No**

Nombre ____________________ Fecha ____________

Vocabulario activo

Acampar
armar *to set up*
la carpa *tent*
el camino *road, way*
la cueva *cave*
la hielera *ice chest*
la linterna *lantern*
la milla *mile*
morirse de miedo *to die of fright; to be scared to death*
oscuro(a) *dark*
el puma *mountain lion, puma*
el sitio *site, place*

Participios
abierto *open*
descubierto *discovered*
dicho *said*
escrito *written*
hecho *made*
muerto *dead*
puesto *placed; in place; on*
resuelto *resolved*
roto *broken; torn*
visto *seen*
vuelto *returned*

Verbos
dibujar *to draw*
pesar *to weigh*
sobresalir *to stand out, excel*

Palabras y expresiones
el refugio *refuge*
sospechoso(a) *suspicious*

Enriquece tu vocabulario

Navaja tipo suizo. If you're going camping the way Martín, Daniel and Mr. Galindo did in this lesson, then you need the right equipment. Your survival may depend on it in an emergency! A small and useful piece of equipment is a "Swiss army knife." Can you name all the parts of a Swiss army knife in Spanish? Now you can!

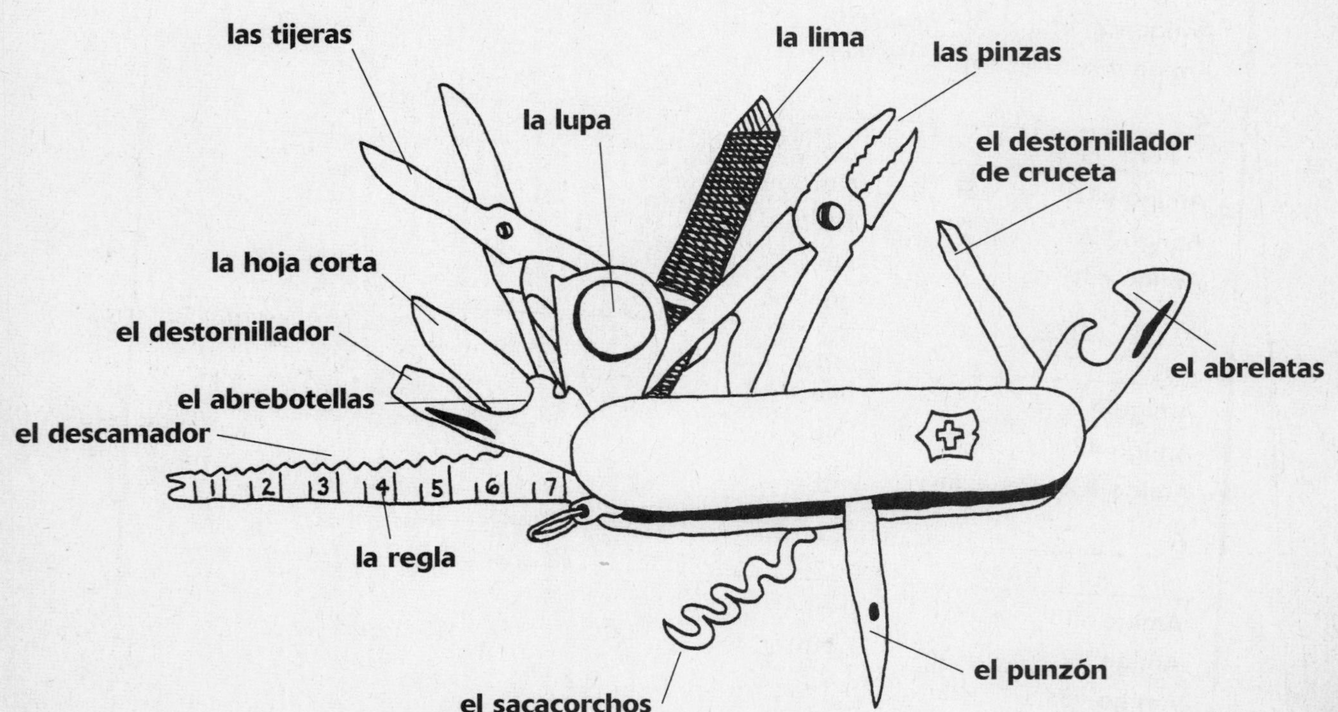

Nombre ______________________ Fecha ____________

Unidad 6, Lección 3

A **Martín.** ¿Qué pasó cuando estaban acampando Martín, Daniel y su padre? Dilo desde el punto de vista de Martín.

MODELO (nosotros) acabar de cenar
Acabábamos de cenar.

1. (nosotros) tomar chocolate

____

2. (Daniel) contar un cuento.

____

____

3. (cuento) tratarse de unos estudiantes universitarios y un puma

____

____

4. (puma) vivir en la cueva / atacar a la gente

____

____

5. (Daniel) bromear / cuando (nosotros) oír unos ruidos extraños muy cerca

____

____

6. ser / dos compañeras de clase, Margarita y Tina

____

____

7. (ellas) saber que / (nosotros) ir a estar allí

____

8. (ellas) querer asustarnos / ¡Qué malas!, ¿no?

____

____

Nombre ______________________ Fecha ______________

B **¡Me robaron el carro!** Esta señora tuvo una experiencia muy interesante cuando estacionó *(parked)* su carro en el centro comercial el invierno pasado. ¿Puedes completar su historia? Usa las formas apropiadas del pretérito o del imperfecto de los verbos indicados.

Era *(ser)* un día de invierno. Me acuerdo porque no __________ *(tener)* abrigo y __________ *(hacer)* mucho frío. __________ *(ir)* al centro comercial Libertad que es enorme. __________ *(estacionar)* el carro un poco lejos de las tiendas, porque no __________ *(poder)* encontrar un espacio más cercano.

__________ *(ir)* a varias tiendas, __________ *(hacer)* mis compras, y por fin __________ *(estar)* lista para irme. __________ *(salir)* al estacionamiento, donde creía que estaba mi carro y ¡nada! ¡No estaba! __________ *(estar)* absolutamente segura que lo había estacionado en ese sitio. ¡No lo __________ *(poder)* encontrar! Inmediatamente __________ *(pensar)* que me lo habían robado.

__________ *(regresar)* al centro comercial para buscar un teléfono. __________ *(llamar)* a la policía. Dos detectives __________ *(llegar)* dentro de media hora y __________ *(tomar)* mi declaración. Les __________ *(dar)* la descripción de mi coche adorado. __________ *(ofrecer)* llevarme a casa, ya que no __________ *(tener)* carro y __________ *(estar)* muy frío para caminar.

Esa noche, el teléfono __________ *(sonar)* a las dos de la mañana. Lo __________ *(contestar)* mi esposo. Después de varios "sís" y "nos", __________ *(ponerse)* a reír bien fuerte y por fin __________ *(colgar)*. Yo, media dormida pero intrigada, le __________ *(preguntar)* "¿quién era?" Me __________ *(decir)* muy seriamente "Los detectives __________ *(encontrar)* tu carro". "¡Qué bueno!" le __________ *(decir)*, "y ¿__________ *(encontrar)* a los ladrones?"

__________ *(ponerse)* a reír de nuevo. "No __________ *(haber)* ladrones, amor. Tu carro __________ *(estar)* precisamente donde lo estacionaste. En el centro comercial".

¡Qué vergüenza! Cuando __________ *(salir)* del centro comercial, __________ *(salir)* a un nivel más bajo y por eso no __________ *(encontrar)* mi carro. __________ *(tener)* que admitir que la historia __________ *(tener)* algo de cómico.

Nombre ______________________ Fecha ______________

C **Fragmentos.** Estabas sentado(a) en el parque y oíste estos fragmentos de conversación. Complétalos con la forma correcta del adjetivo indicado.

1. –Es el ______________ mes de invierno y todavía no nieva. *(primero)*
2. –Hizo ______________ tiempo durante mis vacaciones. *(malo)*
3. –Es su ______________ año en la universidad. *(tercero)*
4. –Es un ______________ mozo. Es ______________ amigo mío. *(bueno)*
5. –Es un ______________ honor estar aquí con ustedes. *(grande)*
6. –______________ día va a haber paz en el mundo. *(alguno)*
7. –¡De ______________ modo vas a salir con tus amigos hoy! *(ninguno)*

D **Un incidente cómico.** Siempre nos pasan incidentes cómicos en nuestras vidas diarias. ¿Puedes recordar algo que te pasó a ti? Escribe (o inventa) la historia de ese incidente. Trata de desarrollar el cuento de modo que el final sea una sorpresa inesperada y cómica.

Nombre ____________________ Fecha ____________

Vocabulario activo

Cuento
el ermitaño *hermit*
el espanto *fright, terror*
prender un fuego *to light or ignite a fire*
¡Qué susto! *What a fright!*
el ruido *noise, sound*
la señal *sign, signal*

Palabras y expresiones
acostumbrado(a) *accustomed (to)*
advertir *to advise, warn*
chistoso(a) *funny*

La terminación *-oso(a).* The endings of cognates are a clue. In this lesson you learned the word "**chistoso(a)**". The noun "**chiste**", which means *"joke,"* is combined with the ending **-oso(a)** to get the adjective "**chistoso(a)**," which means *"funny."* So when Martín says "**una cosa chistosa que nos ocurrió**," he means *"a funny thing that happened to us."* If you know the meaning of the noun before the **-oso(a)** is added, you can guess the meaning of the adjective.

1. **peligro** = *danger* — *dangerous* = P [E] L I G R O S O
2. **dolor** = *pain* — *painful* = _ _ _ _ [ ] _ _ _
3. **celos** = *jealousy* — *jealous* = _ [ ] _ _ _ _
4. **horror** = *horror* — *horrible* = _ _ _ _ _ _ _ [ ] _

[■]

5. **ambición** = *ambition* — *ambitious* = _ [ ] _ _ _ _ _ _ _
6. **cuidado** = *care* — *careful* = _ [ ] _ _ _ _ _ _ _

[Y]

[■]

7. **maravilla** = *marvel* — *marvelous* = _ _ _ _ _ [ ] _ _ _ _ _
8. **nervio** = *nerve* — *nervous* = [ ] _ _ _ _ _ _ _
9. **dificultad** = *difficulty* — *difficult* = _ _ _ _ _ _ _ [ ] _ _ _
10. **miedo** = *fear* — *fearful* = _ _ [ ] _ _ _ _
11. **lluvia** = *rain* — *rainy* = _ [ ] _ _ _ _ _ _
12. **cariño** = *affection* — *affectionate* = _ _ _ [ ] _ _ _ _
13. **angustia** = *anxiety* — *anxious* = _ _ [ ] _ _ _ _ _ _ _
14. **pereza** = *laziness* — *lazy* = _ _ _ [ ] _ _ _ _
15. **cana** = *gray hair* — *gray-haired* = _ _ [ ] _ _ _
16. **mentira** = *lie* — *liar* = _ _ _ [ ] _ _ _ _ _
17. **poder** = *power* — *powerful* = _ _ _ [ ] _ _ _ _

Nombre ______________________ Fecha ______________

Unidad 7, Lección 1

A **El mundo de las posibilidades.** El mundo está lleno de posibilidades. Si hacemos ciertas cosas, pueden tener consecuencias muy positivas. ¿Qué dicen estos jóvenes sobre sus posibilidades?

MODELO practicar la guitarra todos los días → ser guitarrista famoso
Si practico la guitarra todos los días, puedo ser guitarrista famoso.

1. jugar tenis todos los días → participar en un torneo

 ____

2. conseguir un trabajo → ahorrar mi dinero

 ____

3. lavar el carro → papá prestármelo

 ____

4. tomar clases de ejercicios aeróbicos → ponerme en línea *(get in shape)*

 ____

5. ponerme en línea → correr en el maratón

 ____

6. hacer mi tarea temprano → ver televisión

 ____

7. hacer los quehaceres por la mañana → salir por la tarde

 ____

B **Los hermanos.** Los hermanos siempre tratan de negociar entre ellos. ¿Qué le dice esta hermana a su hermano? Sigue el modelo.

MODELO preparar la cena || lavar los platos
Si preparas la cena, yo lavo los platos.

1. manejar || darte direcciones

 ____

2. pagar por la gasolina || pagar por el cine

 ____

3. ir a la tienda || darte el dinero

 ____

4. alquilar un video || comprar la pizza

 ____

5. limpiar mi cuarto || darte diez dólares

 ____

6. tocar la guitarra || cantar

 ____

Nombre ______________________ Fecha ______________

C **Ángela.** Ángela es muy activa. Su calendario siempre está lleno. Le está explicando a su amiga Andrea por qué siempre está ocupada. ¿Qué le dice?

MODELO jugar tenis (3 veces / semana)
Juego tenis tres veces por semana.

1. tener (2 clases de piano / semana)
____
2. trabajar (3 días / semana)
____
3. ganar ($7.50 / hora)
____
4. ir al cine (3 veces / mes)
____
5. salir con mis amigos (1 vez / semana)
____
6. ir al dentista (2 veces / año)
____

D **La rica.** ¡Esta señora es muy rica y también es muy orgullosa! Le gusta decirle a sus amigos cuánto pagó por sus posesiones, aunque en realidad, ellos no lo quieren saber. ¿Qué les dice?

MODELO **Pagué diez mil dólares por mi computadora.**

$10.000

$15.000

1. ______________________
____

$90.000

$30.000

4. ______________________
____

2. ______________________
____

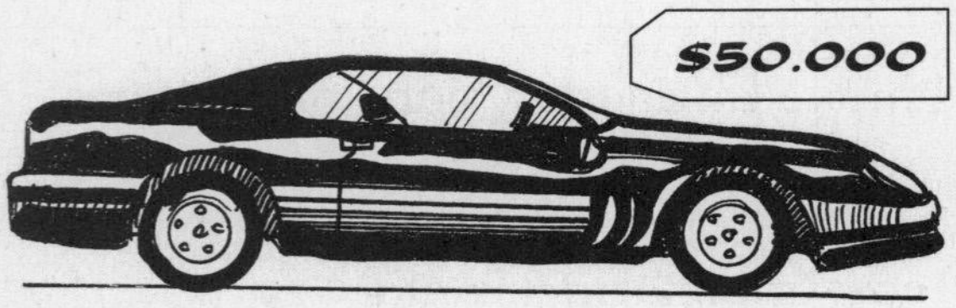

$50.000

$1.000.000

3. ______________________
____

5. ______________________
____

Nombre ______________________ Fecha ____________

E **Bien educado.** Julio es muy bien educado. Ha estudiado varias disciplinas en su vida. ¿Qué dice que estudió y por cuánto tiempo?

MODELO francés: 3 años
Estudié francés por tres años.

1. español: 4 años

____

2. ballet folklórico: 10 años

____

3. guitarra clásica: 5 años

____

4. computación: 2 años

____

5. arqueología: 5 años

____

6. psicología: 3 años

____

F **Si hago más en casa...** Quieres comprar un carro, pero no tienes suficiente dinero. Escribe un diálogo entre tú y tus padres. Estás tratando de convencerles que hay muchas cosas que puedes hacer para ahorrar el dinero que necesitas.

MODELO *Tú:* **Si trabajo todos los días después de clases, puedo ahorrar el dinero que necesito.**
Papá: **Entonces, ¿cuándo vas a estudiar?**

____

____

____

____

____

____

____

____

____

Nombre ______________________ Fecha ______________

Vocabulario activo

Gastos
ahorrar *to save*

El carro
la gasolina *gasoline*
manejar *to drive*
el seguro *insurance*
la vuelta *a spin; turn*

Palabras y expresiones
absolutamente *absolutely*
burlarse *to laugh at, make fun of*
la costumbre *custom, habit*
depender *to depend*
la duda *doubt*
llamativo(a) *flashy, showy*
el puesto *job, position*
el (la) realista *realist*

Enriquece tu vocabulario

¡Tu carro! Mateo bought a car, and Tina is saving up to buy one. Are you trying to figure out how you can afford to buy a car? First learn all the important features of a car in Spanish!

El automóvil

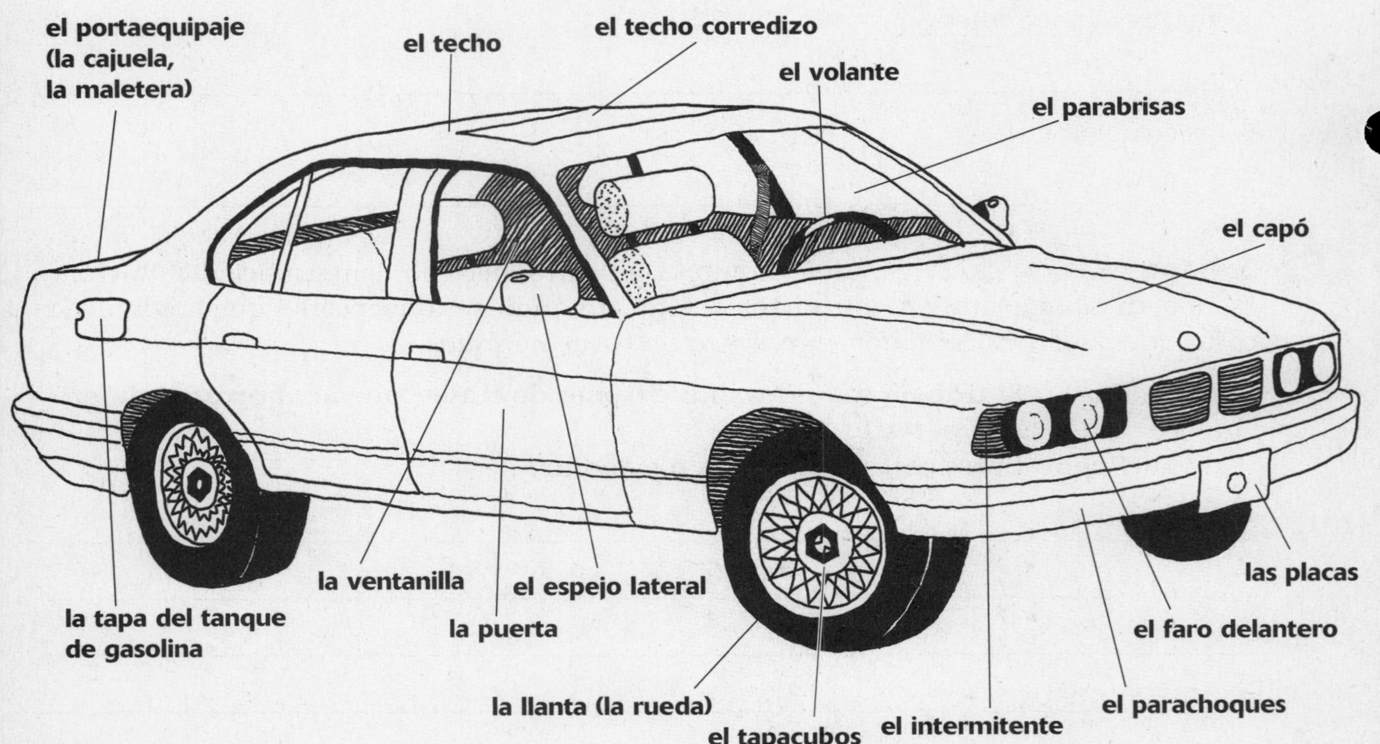

VOCABULARIO ÚTIL

el asiento *seat*
el cinturón de hombros *shoulder harness*
el cinturón de seguridad *safety belt*
el claxón *horn*
los frenos *brakes*
la licencia *driver's license*
los limpiaparabrisas *windshield wipers*
la luz de freno *brake light*
la luz de cruce *low beams*
la luz larga *high beams*
la luz trasera *tail light*

Nombre ______________________ Fecha ______________

Unidad 7, Lección 2

A **Tal vez...** ¡Está lloviendo! Dennis y Clara están en casa. Están pensando en las actividades que tal vez puedan hacer esa tarde aunque siga lloviendo. ¿Qué dicen que están pensando en hacer?

MODELO **Tal vez vayamos al cine.**

3. ______________________

1. ______________________

4. ______________________

2. ______________________

5. ______________________

Nombre ______________________ Fecha ______________

B **Quizás ...** Miguelito no quiere ir a la fiesta de cumpleaños de un compañero de clase porque no lo conoce muy bien. Su mamá está tratando de convencerle que quizás sea divertido. ¿Qué le dice su mamá a Miguelito?

MODELO la fiesta: ser muy divertida **¡Ay, Miguelito! Quizás sea muy divertida.**

1. ellos: tener una piscina grande
2. haber comida sabrosa
3. ellos: darles regalitos a todos los niños
4. ellos: romper una piñata
5. ellos: servir helado y pastel
6. ellos: tener un perrito lindo
7. tú: divertirte mucho
8. tú: hacer nuevos amiguitos

C **Regalos de cumpleaños.** ¡Los jóvenes están soñando! Están pensando lo que van a pedir para sus cumpleaños. ¿Qué quieren?

MODELO computadora: tener reproductor de CD-ROM.
Quiero una computadora que tenga reproductor de CD-ROM.

1. bicicleta: tener 10 velocidades
2. carro: ser deportivo
3. blusa: hacer juego *(match)* con mi falda azul
4. carpa: ser impermeable
5. guacamaya: hablar español
6. cámara: sacar fotos panorámicas
7. teléfono: ser celular
8. radiograbadora: ser portátil y tocar discos compactos

Nombre ______________________ Fecha ______________

D **Sesión profesional.** Eres miembro(a) de un comité que está haciendo planes para una sesión profesional que van a presentar en su colegio. Tienen que invitar a participar a personas de varias profesiones. ¿Qué dicen los miembros del comité?

MODELO los Rodríguez: tener / pariente / ser locutor / canal TVE1
Los Rodríguez tienen un pariente que es locutor en el canal TVE1.

1. yo: conocer / señor / ser astronauta

____

____

2. Raúl: conocer / mujer / ser autor / famoso

____

____

3. Mamá y papá: tener / amigos / ser abogado

____

____

4. Henry: tener / hermano / ser bombero

____

____

5. Alejandro y Alexa: tener / tía / ser médico

____

____

6. nosotros: conocer / señor / ser artista

____

____

7. haber / persona / oficina de papá / ser programador

____

____

Nombre ______________________________ Fecha ____________________

E **Agente de viajes.** ¡Pobre agente de viajes! Se está volviendo loca. Está hablando con dos amigos que quieren hacer un viaje juntos, pero que no pueden decidir a dónde quieren ir. ¿Qué le dice cada persona a la agente?

MODELO visitar una ciudad → estar junto al mar
Cliente #1: **Deseo visitar una ciudad que esté junto al mar.**
Cliente #2: **Hace poco visité una ciudad que está junto al mar.**

1. viajar a un país → tener culturas indígenas

   Cliente #1: ______________________________

   Cliente #2: ______________________________

2. conocer una cultura → tener pirámides

   Cliente #1: ______________________________

   Cliente #2: ______________________________

3. visitar un pueblo → estar al pie de las montañas

   Cliente #1: ______________________________

   Cliente #2: ______________________________

4. quedarme en un sitio → ser tropical

   Cliente #1: ______________________________

   Cliente #2: ______________________________

5. viajar a una ciudad → tener muchos museos

   Cliente #1: ______________________________

   Cliente #2: ______________________________

6. hacer un viaje a un lugar → tener vida nocturna

   Cliente #1: ______________________________

   Cliente #2: ______________________________

7. conocer un país → poseer artefactos prehispánicos

   Cliente #1: ______________________________

   Cliente #2: ______________________________

Nombre ______________________ Fecha ____________

F **Los sueños.** Todos tenemos sueños de cómo queremos que sean nuestras vidas: las cosas que queremos comprar, los amigos o novios que queremos conocer, las casas que queremos construir, los carros que queremos manejar, los empleos que queremos conseguir. Describe algo que deseas: un objeto, un(a) amigo(a), un(a) novio(a), una casa, un carro, un empleo. Lo que sea, ¡que sea de sueño!

EJEMPLOS **Quiero una casa que tenga veinticinco cuartos, cinco garajes, tres cocinas y dos piscinas.**
Quiero un(a) novio(a) que sea amable, generoso(a) y guapísimo(a).

Nombre ______________________ Fecha ______________

Vocabulario activo

Empleo
capacitado(a) *qualified, capable*
clasificado(a) *classified*
emplear *to employ*
el empleo *employment, job*
escribir a máquina *to type*
el (la) gerente *manager*
la mecanografía *typewriting*
repartir *to distribute*
requerir *to require*
el salario *salary*
solicitar *to apply, solicit*
la taquigrafía *shorthand*

Palabras y expresiones
la categoría *category*
el espectáculo *show, performance*
fuera *outside*
previo(a) *previous, prior*
la venta *sale*

Enriquece tu vocabulario

El fax. The fax has become an accepted form of business communication. Study the parts of the fax, and then see if you can write a fax to someone on your own sheet of paper. Tina may have to fax her potential employers to get a summer job! Maybe you will need to fax someone soon!

Casa Editorial Samaniego Fax (62) 371-09-49 0942a

Casa Editorial Samaniego

Apartado 634
69834 México, D.F.
México

Teléf: (62) 323-49-47
Fax. N°: (62) 371-09-49

A: Profesora Margarita Jiménez (Colegio Zacatecas)
Copia a: Sr. Alarcón, Gerente
De: Ana Villanueva

Asunto: Libros de texto
Número de páginas (incluida ésta): 1
Fecha: 26 / 09 / 98

Mensaje: Conforme a lo hablado por teléfono hoy, le confirmo que hay dos cartones de los libros deseados en tránsito, que llegarán mañana a su colegio hacia el mediodía. Favor de llamar si no resulta.

Saludos cordiales,

Ana

Nombre ______________________ Fecha ____________

Unidad 7, Lección 3

A **El museo.** Estás en el museo con tu familia. Están escuchando a la guía que les está explicando qué se prohíbe dentro del edificio. ¿Qué dice?

MODELO tocar los cuadros **No se permite tocar los cuadros.**

1. entrar con refrescos
2. comer dentro del museo
3. llevar bolsas grandes o mochilas
4. hablar fuerte
5. correr en los pasillos
6. tocar los artefactos
7. fumar dentro del museo

B **¡Mi video!** Decides que vas a producir un video. ¡Pero necesitas ayuda! Escribe los anuncios que vas a poner en el periódico estudiantil.

MODELO buscar: personas (gustarles trabajar mucho)
Se buscan personas que les guste trabajar mucho.

1. solicitar: actores (con experiencia)
2. requerir: (paciencia y amor del cine)
3. buscar: profesor (servir de director)
4. solicitar: personas (con experiencia técnica)
5. solicitar: videógrafo (tener cámara)
6. buscar: personas (querer divertirse y no importarles el dinero)
7. ofrecer: (mucha diversión y satisfacción)

Nombre ______________________ Fecha ______________

C **La universidad.** Te vas por primera vez a la universidad. Tu mamá te ha comprado varias cosas para llevar. Te está explicando para qué son todas los objetos.

MODELO escribirle cartas a mí y a tus abuelos
El bolígrafo es para escribirle cartas a mí y a tus abuelos.

1. llamarle a tus amigos y a tu familia
____
2. llevar tus libros a las clases
____
3. comprar lo que necesites
____
4. tomar apuntes en tus clases
____
5. sacar fotos de tus nuevos amigos
____
6. hacer la tarea
____
7. alguna emergencia
____

D **¿Para quiénes son?** Tu mamá ha decidido donar todas las cosas en la casa que ya no están en uso. Quiere que tú las entregues a dónde deben ir. Te está diciendo para quiénes son las donaciones.

MODELO libros: Biblioteca Municipal
Los libros son para la Biblioteca Municipal.

1. carpa: los Exploradores
____
2. lancha: las Exploradoras
____
3. ropa: el Ejército de Salvación
____
4. juguetes: el orfanato
____
5. muebles: el refugio para personas sin hogar
____
____
6. cheque: Cruz Roja
____

Nombre ______________________________ Fecha ______________

E **Empleo para el verano.** Estos jóvenes están buscando empleo para el verano. ¿Dónde quieren solicitar empleo, según sus intereses y habilidades?

González, González y Flores, abogados

Animalitos Cariñosos

CompuNecesidades

ACAMPAR ES VIVIR

Música del Momento

MultiDeportes

Librería Libros Sin Fin

MODELO Arnoldo es muy atlético.
Arnoldo quiere trabajar para la tienda MultiDeportes.

1. Maribel puede escribir 95 palabras por minuto a máquina.

____

2. A Tamara le fascinan las computadoras.

____

3. Aníbal toca varios instrumentos desde niño.

____

4. Arturo siempre ha tenido perros y gatos y pájaros en casa.

____

5. Guillermo lee libros de todo tipo. Siempre está leyendo.

____

6. A Andrea y Andrés les encanta acampar. Sus padres siempre los llevaban a acampar durante las vacaciones.

____

F **Tu propio refrán.** En la Unidad 7, Lección 2, leíste varios refranes. ¿Notaste que se usa mucho el "se" en los refranes? Por ejemplo:

De la mano a la boca SE pierde la sopa.

¡Ahora TÚ escribe tu propio refrán! Primero piensa en una situación y luego rompe tu cabeza hasta que salga algo que te pueda servir en esa situación.

EJEMPLOS **Se puede subir árboles sin ser mono.**
No se requiere científico para cocer frijoles.

____

____

Nombre ______________________ Fecha ______________

Vocabulario activo

Empleo
la calificación *qualification*
el (la) operador(a) *operator*
la empresa *enterprise, business*
la referencia *reference*
el (la) recepcionista *receptionist*
el entrenamiento *training*
el requisito *requirement*
pagado(a) *paid*
la puntualidad *punctuality*
la solicitud *application*

Palabras y expresiones
necio(a) *bothersome; foolish; stubborn*
el (la) entrevistador(a) *interviewer*
el promedio *average*
reciente *recent*

Enriquece tu vocabulario

Refranes. Can you decipher these proverbs? Do you know a similar one in English? Pick your favorite (or create your own) and make a poster of it for your Spanish classroom.

A mal tiempo, buena cara.

____

A CADA PÁJARO, LE GUSTA SU NIDO.

____

El amigo viejo, el mejor espejo.

____

Aquéllos son ricos que tienen amigos.

____

Como se viene, se va.

____

Con paciencia, se gana la gloria.

____

NO SE GANÓ ZAMORA EN UNA HORA.

____

En boca del mentiroso, lo cierto se hace dudoso.

____

Un bien con otro se paga.

____

Nombre ______________________________ Fecha ______________

Unidad 8, Lección 1

A **¡Vienen a visitar!** Los parientes de Margarita vienen de Ecuador en dos semanas. ¡Todos tienen que ayudar con la limpieza de la casa! Están decidiendo quién va a hacer qué. ¿Qué harán todos?

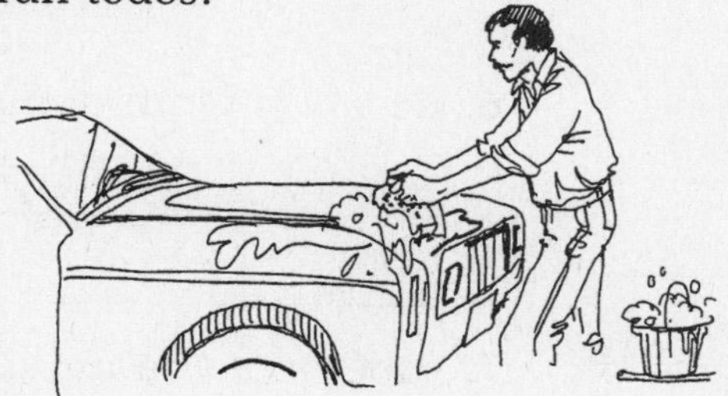

MODELO papá
Papá lavará el carro.

1. mamá
____

2. Miguel
____

3. mi tío Arnoldo
____

4. mi hermana y yo
____

5. Abuelita
____

6. papá y Miguel
____

Nombre ______________________ Fecha ______________

B **¡Me voy a la universidad!** Rosalinda se va a la universidad la semana que viene. Le está explicando a su mejor amiga qué va a pasar el día de su vuelo. ¿Qué le dice?

MODELO salir / por la mañana / muy tempranito / a las seis
Saldré por la mañana, muy tempranito, a las seis.

1. papá / querer / irse temprano / para no perder el vuelo
2. tener que / empacar / la noche anterior
3. hermano / poner / las cosas / en el coche
4. venir / mis abuelos / a despedirse de mí
5. mamá / decirme / llamarlos / inmediatamente / al llegar
6. no sé / si servir almuerzo / en el vuelo
7. saber más / mañana / cuando / hablar con el agente de viajes
8. haber / poco tráfico / a esa hora / de la mañana
9. hacer / buen tiempo
10. echarlos de menos / a todos

C **El verano.** Todos los chicos están imaginándose qué van a hacer este verano. ¿Qué dicen?

1. tener que trabajar (mis hermanos y yo)
2. salir los fines de semana (yo)
3. querer ir al cine (mis amigos y yo)
4. venir mis primos de Chile a visitar
5. poder ir a la playa varias veces (mis amigos y yo)

Nombre ______________________________ Fecha ______________

D **La fiesta de sorpresa.** Los amigos de Delia le van a dar una fiesta de sorpresa. Todos tienen que decir algo para que no sospeche Delia lo que están planeando. Diles qué deben decir.

MODELO Yo __diré__ que tenemos que empezar los planes para el baile anual.

1. Tú __________ que tenemos que juntarnos en casa de Álvaro para dividir las tareas.
2. Álvaro __________ que debemos llegar a las siete.
3. Magdalena y Mariela __________ que primero necesitan llevar a Delia a otro sitio.
4. Alberto __________ que no puede ir.
5. Yo __________ que llevaré refrescos.
6. Nosotros les __________ que no lleguen muy tarde.

E **¿Dónde estarás?** ¿Dónde estarás en diez años? ¿Qué harás? Cuando piensas en el futuro, ¿qué piensas? ¿Dónde estarán tus amigos? ¿Qué harán ellos? Escribe un párrafo describiendo cómo imaginas tu futuro.

EJEMPLO **En diez años, estaré jugando béisbol en las Ligas Nacionales. Seré el mejor lanzador del país.**

____

____

____

____

____

____

____

____

____

____

____

____

____

____

____

Nombre ______________________ Fecha ______________

Vocabulario activo

Verbos
competir *to compete*
correr *to run*
decir *to say; to tell*
discutir *to discuss*
dormir *to sleep*
haber *to have, to be*
hacer *to do; to make*
nadar *to swim*
poder *to be able*
poner *to put, place*
querer *to want, wish*
salir *to leave*
tener *to have*
venir *to come*
ver *to see*

El futuro
la anticipación *anticipation*
la curiosidad *curiosity*
predecir *to predict*
la predicción *prediction*

Palabras y expresiones
el (la) dormilón(a) *sleepyhead*
el pañuelo *handkerchief*
¡Qué envidia! *What envy!*

Enriquece tu vocabulario

Dormilón. The ending **-ón (-ona)** is called an augmentative. It is the opposite of a diminutive. You learned the words **dormilón, dormilona** in this lesson to mean *"sleepyhead, someone who likes to sleep a lot."* There are more words in Spanish that use the **-ón, ona** ending to mean *"someone who…"*. Can you guess what the **-ón** word is given the clues?

1. someone who is stubborn (clue: **cabeza**)
2. someone who likes to sleep a lot (clue: **dormir**)
3. someone who likes to eat (clue: **comer**)
4. someone who gets angry a lot (clue: **enojar**)
5. someone who is very spoiled (clue: **regalar**)
6. someone who likes to run (clue: **correr**)
7. someone who is a confirmed bachelor (clue: **soltero**)
8. someone who cries a lot (clue: **llorar**)
9. someone who likes to order people around (clue: **mandar**)
10. someone who likes to joke around (clue: **juguete**)

Nombre ______________________ Fecha ____________

Unidad 8, Lección 2

A **¿Qué empacarías?** Trabajaron muy duro este año, y el director decidió que merecían un viaje a la playa. ¿Qué empacarían? ¿Qué *no* llevarían?

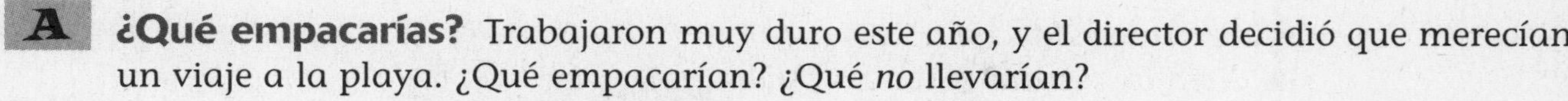

MODELO Jesse
Jesse empacaría camisetas.
No llevaría saco.

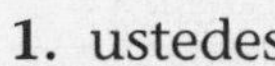

1. ustedes

____

____

2. nosotros

____

____

3. usted

____

____

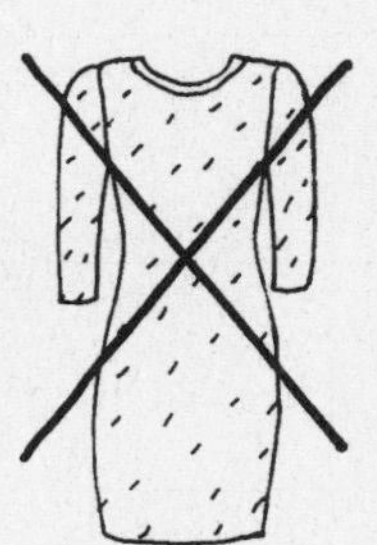

4. Celia

____

____

5. tú

____

____

6. yo

____

____

Nombre ______________________ Fecha ______________

B **Los chicos de Venezuela.** ¿Qué pasaría con los chicos de Venezuela: Luis, Héctor (el hermano mayor de Luis), Meche y Diana? ¿Qué habría pasado?

MODELO decirle verdad: Meche a Luis
¿Le diría la verdad Meche a Luis?

1. salir juntos por fin: Meche y Luis

2. hacerle caso por fin: Luis a Meche

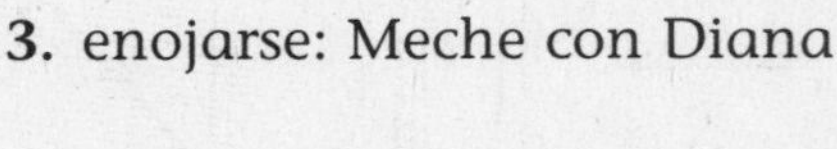

3. enojarse: Meche con Diana

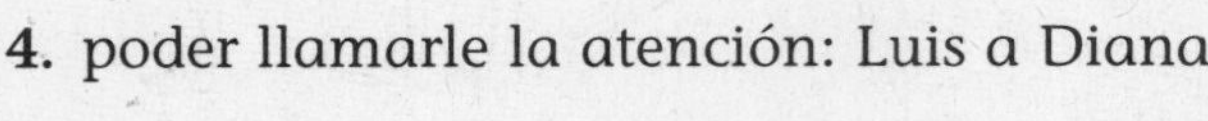

4. poder llamarle la atención: Luis a Diana

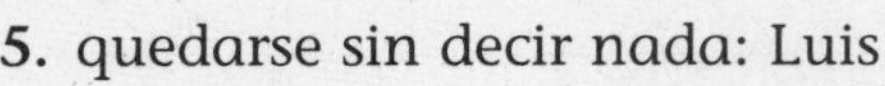

5. quedarse sin decir nada: Luis

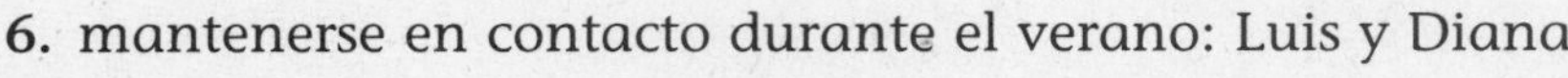

6. mantenerse en contacto durante el verano: Luis y Diana

7. tener que olvidarse de Diana: Luis

8. decirle qué a Daniel sobre su novia inexistente: Luis

9. ponerse en contacto: Diana con Héctor

10. declararle sus sentimientos: Diana a Héctor

11. interesarse por fin: Héctor en Diana

12. enamorarse por fin: Diana y Héctor

Nombre ____________________ Fecha ____________

C **Nena.** Nena siempre oye las voces de su angelito bueno y su angelito malo. ¿Qué le dicen?

MODELO hacer la tarea
Angelito bueno: **Haz la tarea.**
Angelito malo: **¡No, no hagas la tarea!**

1. poner la mesa

Angelito bueno: ____________________

Angelito malo: ____________________

2. estudiar mucho

Angelito bueno: ____________________

Angelito malo: ____________________

3. decir la verdad

Angelito bueno: ____________________

Angelito malo: ____________________

4. ser buena

Angelito bueno: ____________________

Angelito malo: ____________________

5. comer muchos dulces

Angelito bueno: ____________________

Angelito malo: ____________________

6. practicar el piano todos los días

Angelito bueno: ____________________

____

Angelito malo: ____________________

____

D **¡Accidente!** Estos señores tuvieron un accidente poco grave, pero en todo accidente la gente se emociona. ¿Qué se dicen? Recuerda que dos adultos que no se conocen generalmente se hablan de **usted.**

Sr.: ¡Ay, dios mío! ¿Qué pensaba usted? ____________ del carro, por favor. *(salir)*

Sra: ____________. Usted ____________ así. *(esperar; no hablarme)*

Sr.: ____________ su nombre y dirección. *(darme)*

Sra.: No, señor. ____________ a la policía y entonces hablaremos. *(llamar)*

Sr.: ____________ por favor, ¿por qué no señaló que iba a doblar a la izquierda? *(decirme)*

Sra.: ____________, fue su culpa. Usted no sabe manejar. ¡____________ en el futuro! *(oír; no manejar)*

Sr.: No ____________ tan antipática, señora. *(ser)*

Sra.: ____________ el favor de callarse. Mejor ____________ a la policía. *(hacerme; [nosotros] esperar)*

Nombre ______________________ Fecha ______________

E **No está seguro.** ¿Conoces a alguien que nunca está seguro de lo que quiere? Así es Guille, muy indeciso. ¿Qué te dice?

MODELO explicarme el problema
Explícamelo. ¡Ay, no! No me lo expliques.

1. traerme el diccionario
____
2. pedirle el periódico a tu hermano
____
____
3. creerme lo que te digo
____
4. ponerte el saco
____
5. abrir la ventana
____
6. darle el regalo a tu hermana
____
____

F **¿Qué crees?** Conociste a varias personas en El Paso y en Caracas. Sabes mucho de sus vidas y sus emociones. ¿Qué crees tú que vaya a pasar con ellos?

MODELO no creer que: Diana / interesarse / Luis
No creo que Diana se interese en Luis.

1. dudar que: Luis y Meche / hacerse novios
____
2. esperar que: Daniel / divertirse / Venezuela
____
3. ser cierto que: hacer frío / Caracas
____
4. alegrarme que: Daniel / conocer / amigo por correspondencia
____
5. ojalá que: Margarita / conseguir / trabajo / «Viva el Paso»
____
6. ser triste que: Miguelín / haberse perdido
____
7. ser bueno que: Tina / poder / comprar / carro / septiembre
____
8. ser terrible que: Margarita y Tina / no verse / todo el verano
____

Nombre ______________________ Fecha ____________

G **La mamá de Daniel.** La mamá de Daniel le está diciendo qué tiene que hacer y cómo debe comportarse en la casa de Luis. ¡Las madres siempre tienen consejos útiles! ¿Qué dice?

MODELO ser importante: ser atento y amable
Es importante que seas atento y amable.

1. recomendar: hacer todo lo que te piden los papás de Luis
____
2. querer: comportarte como caballero en todo momento
____
3. ser necesario: acostumbrarte a sus rutinas
____
4. ser preciso: ayudar con los quehaceres domésticos
____
5. preferir: escribirnos dos veces por semana
____
6. insistir en: llamarnos una vez por semana
____

H **Yo que tú...** En el español hablado, es muy común oír los consejos entre amigos empezar con "Yo que tú". Esto quiere decir "si yo estuviera en tu lugar", o más bien, *"If I were you..."* (Como la frase "yo que tú" insinúa el "si" especulativo, requiere el condicional.)

Tú tienes un(a) amigo(a) que está desesperadamente enamorado(a) de alguien que no le hace caso. ¿Qué consejos le das?

EJEMPLOS **Yo que tú le escribiría una carta.**
Yo que tú le llamaría todos los días.

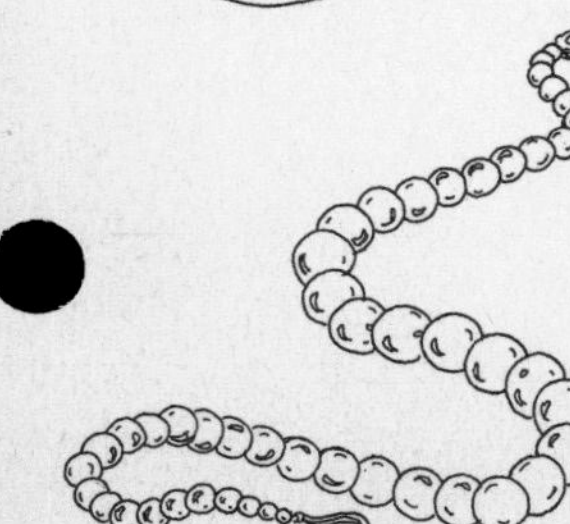

____

Nombre ______________________ Fecha ______________

Vocabulario activo

Empacar
el cepillo de dientes *toothbrush*
la corbata *necktie*
el champú *shampoo*
los pantalones cortos *shorts*
la pasta dental *toothpaste*
el peine *comb*
las piyamas *pajamas*
la rasuradora *razor*
el saco *jacket*
las sandalias *sandals*
la toalla *towel*
el traje de baño *bathing suit*

Verbos
decir *to say; to tell*
haber *to have, to be*
hacer *to do; to make*
llevar *to carry; to take; to wear*
mejorar *to get better, improve*
pedir *to ask for; to request*
poder *to be able*
poner *to put, place*
querer *to want, wish*
saber *to know; to know how*
salir *to leave*
ser *to be*
tener *to have*
venir *to come*

Palabras y expresiones
dentro de *in, within*
esencial *essential*
por si acaso *if by chance, just in case*
el vuelo *flight*

Enriquece tu vocabulario

En el aeropuerto. Daniel is going to Venezuela! He will be in the El Paso airport and the Caracas airport, both of which have signs and instructions in Spanish. If you were traveling with Daniel, would you be able to understand everything? Here is some useful vocabulary for you in case you travel to a Spanish-speaking country.

En el aeropuerto

Salidas *departures*
Llegadas *arrivals*
Reclamación de equipaje *Baggage claim*
Servicios *Restrooms*
Información *Information*
Puertas *Gates*
abordar *to board*

En el vuelo

el (la) piloto(a) *pilot*
la tripulación *crew*
el (la) auxiliar de vuelo *flight attendant*
el despegue *takeoff*
el aterrizaje *landing*
la tarjeta de embarque *boarding pass*

If you heard this announcement over the airport loudspeaker, would you know what to do?

¡Atención, por favor! El vuelo número 919 con destino a Caracas está a punto de abordar en la puerta 17A. Pasajeros, pasen a la puerta 17A en seguida. Favor de tener su tarjeta de embarque a mano. Gracias.

Nombre ______________________ Fecha ______________

Unidad 8, Lección 3

A **El nopal.** ¿Puedes contar la leyenda del origen del nopal en el pasado?

1. Los dioses ______________ a los aztecas a construir una gran ciudad. *(mandar)*
2. Los aztecas ______________ el mandato de sus dioses. *(obedecer)*
3. Cópil ______________: "Cuando sea mayor, voy a hacer prisionero a mi tío". *(declarar)*
4. Cópil ______________ en un joven valiente. *(convertirse)*
5. Huitzilopochtli ______________ este mandato terrible: "Maten a mi sobrino". *(dar)*
6. Los sacerdotes ______________ a Cópil y ______________ su corazón. *(matar, enterrar)*
7. Una bella planta ______________ donde enterraron el corazón de Cópil. *(crecer)*
8. Los aztecas ______________ un águila con una serpiente en el pico. *(ver)*
9. Todos ______________ la voz del dios Huitzilopochtli. *(oír)*
10. ______________ la ciudad y la ______________ Tenochtitlán. *([ellos] fundar; llamar)*

Nombre ______________________________ Fecha ______________

B **Nochebuena.** Gabriela está contando cómo era la Nochebuena *(Christmas Eve)* en su casa cuando era niña. ¿Qué dice?

MODELO siempre / ser / igual **Siempre era igual.**

1. los niños / reírse / hacer travesuras

   ____

2. papá / enojarse / con ellos

   ____

3. mamá / envolver *(to wrap)* / regalos

   ____

4. yo / ver la tele / y / tratar de olvidarlos

   ____

5. mis tías / hacer la comida

   ____

6. mis primos / ponerse / trajes / irse a visitar / sus novias

   ____

   ____

7. mis abuelos / jugar a las damas

   ____

8. los niños / esperar / a Santa Claus

   ____

9. todos (nosotros) / acostarse / temprano

   ____

C **¡Huracán Eduardo!** La señora Iturriaga está contando lo que pasó este verano con el huracán Eduardo. Usa las formas correctas del pretérito o del imperfecto para completar su narración.

<u>**Venía**</u> *(venir)* un huracán. Es lo que __________ *(decir)* las noticias. __________ *(haber)* un viento increíble. El perro __________ *(ladrar)*. El gato __________ *(hacer)* ruidos inolvidables. Pero yo no __________ *(darme)* cuenta porque no __________ *(poner)* la tele en todo el día ¡Nadie me lo __________ *(decir)*!

El viento me __________ *(parecer)* como una tormenta nada más. __________ *(andar: yo)* afuera toda la mañana. Mi vecino y yo __________ *(estar)* en el jardín por media hora. __________ *(venir)* mis hijos del colegio muy temprano. Les __________ *(preguntar)* que qué __________ *(hacer)* en casa tan temprano. Adrián me __________ *(decir)* —Ay, mama, ¿dónde __________ *(estar)* todo el día? ¿No sabes que viene un huracán?—

__________ *(poner)* la tele. __________ *(decir: ellos)* que __________ *(ir)* a ser un huracán muy fuerte. __________ *(quitar: nosotros)* todos los muebles del patio y los __________ *(poner)* en el garaje.

En fin, no __________ *(pasar)* nada. __________ *(pasar)* el huracán. No __________ *(haber)* ningún daño. Les __________ *(decir)* a los niños que los meteorólogos son ¡MUY exagerados!

Nombre ______________________________ Fecha ______________

D **Imágenes.** Las imágenes se pueden interpretar de muchas maneras. Ya que sabes tanto español, ¿por qué no escribes un poema usando algunas de las imágenes que encontraste en El Paso, o en Caracas, o en las leyendas?

Lee el poema del poeta Francisco X. Alarcón en las páginas 438–439 de tu libro de texto. Piensa un rato en su uso de imágenes concretas para describir algo no concreto. Por ejemplo, usa la imagen de un pájaro para incorporar, es decir "darle cuerpo", al concepto de "una palabra". Igualmente, tú puedes crear este tipo de metáfora.

EJEMPLO ***Piensas:*** **Puedo usar "el caimán" para incorporar el concepto de "miedo'.**
Escribes: **El caimán es el miedo que me sigue por la selva de la noche.**

Nombre ______________________ Fecha ______________

Vocabulario activo

Viaje
la arepera *café specializing in arepas*
la catarata *waterfall*
el salto (de agua) *waterfall*

Descripción
escolástico(a) *scholastic*
indeciso(a) *undecided; indecisive*
lingüístico(a) *linguistic; pertaining to language*
programado(a) *programmed, planned*
sabroso(a) *delicious*
plano(a) *flat*
pintoresco(a) *picturesque*

Palabras y expresiones
la bandera *flag*
especializar *to specialize*
con mucho cariño *with a great deal of affection*

Enriquece tu vocabulario

Para conversar. You learned some "linking words and phrases" in the **Enriquece tu vocabulario** section of Unit 4, Lesson 3. Here are some more commonly used ones. Make sure you try them out in class in your pair and group activities.

▲▼ To limit or CONTRADICT ⇨ ⇦

pero *but*
todavía *still*
aún *still, even so*
sin embargo *nonetheless*
al contrario *on the contrary*
la verdad es que… *the truth is that…*
¿de veras? *really, are you sure?*

➡ To change topics ⬇

Cambiemos de tema. *Let's change topics.*
a propósito *by the way*
Hay otra cosa… *And another thing…*

✔ To sum up

en fin *to sum up*
por ejemplo *for example*
en realidad *in truth*
en efecto *in fact, actually*
de todas formas *in any case*
por eso *and that's why*

Manual de gramática

Nombre ______________________ Fecha ____________

Unidad 1, Lección 1

1.1 The verbs *gustar* and *encantar*

Textbook, p. G2

Indirect Object Pronouns

a mí	**me** gusta(n)	________ gusta(n)	a nosotros(as)
a ti	________ gusta(n)	**os** gusta(n)	a vosotros(as)
a usted	________ gusta(n)	________ gusta(n)	a ustedes
a él, a ella	________ gusta(n)	________ gusta(n)	a ellos, a ellas

a **¿Te gusta?** ¿Cuáles de estas actividades te gustan y cuáles no? ¿Hay algunas que te encantan?

MODELO correr **Me gusta correr.** o **No me gusta correr.** o **Me encanta correr.**

1. limpiar la casa ____________
2. hacer la tarea ____________
3. viajar ____________
4. trabajar ____________
5. bailar ____________
6. escribir poemas ____________
7. ir al cine ____________
8. hablar por teléfono ____________

b **Actividades favoritas.** Éstas son las actividades favoritas de ciertas personas. ¿Qué puedes decir tú de las personas y sus actividades favoritas?

MODELO a Roberta: tocar la guitarra **A Roberta le encanta tocar la guitarra.**

1. a Toni: asistir a conciertos ____________
2. a Ernesto y a mí: preparar la comida ____________
3. a Andrea: llevar ropa elegante ____________
4. a todos nosotros: escuchar música ____________
5. a Elisa y a Víctor: practicar los deportes ____________
6. a mamá: ver televisión ____________
7. a mí: ir a fiestas ____________
8. a ti: pasear en bicicleta ____________

c **Siempre de moda.** Hortensia siempre lleva ropa muy elegante y siempre dice lo que piensa de la ropa de los demás. ¿Qué piensa de esta ropa?

MODELO pantalones morados **Le gustan esos pantalones morados.** ☺
sudadera marrón **No le gusta esa sudadera marrón.** ☹

1. camisa anaranjada ☹ ____________
2. calcetines verdes ☹ ____________
3. suéter rojo ☺ ____________
4. zapatos blancos ☺ ____________
5. chaqueta azul ☹ ____________
6. sombrero negro ☺ ____________
7. traje amarillo ☹ ____________
8. camisetas rosadas ☺ ____________

ch **Preferencias.** ¿Qué opinan los miembros de tu familia de estas bebidas y comidas?

EJEMPLO **A mi mamá le gustan las albóndigas.**

a mi mamá		las hamburguesas
a mi hermano(a)		el café
a mis hermanos(as)	gustar	las albóndigas
a mí	no gustar	la salsa picante
a [¿…?] y a mí	encantar	los postres
a mi papá		la ensalada
a [¿…?]		las papas fritas

Additional Textbook Exercises: pp. 10–12

1. ______
2. ______
3. ______
4. ______
5. ______
6. ______
7. ______

1.2 Present indicative tense: Regular verbs

Textbook, p. G4

a **Los fines de semana.** ¿Qué hacen estas personas los fines de semana?

EJEMPLO **La profesora califica exámenes.**

	asistes a conciertos
	salen con sus amigos
	charlamos mucho
la profesora	camino en las montañas
tú	llevan ropa elegante
Beto y Jaime	come pizza
yo	visitas a los parientes
el director	preparamos comida especial
mis padres	practica deportes
Clara y yo	alquilo videos
ustedes	leen revistas y libros
	califica exámenes

Present Tense

	-ar	-er	-ir
	mirar	**leer**	**asistir**
yo	**miro**	______	______
tú	______	______	______
usted	______	______	______
él, ella	______	______	______
nosotros(as)	______	______	______
vosotros(as)	**miráis**	**leéis**	**asistís**
ustedes	______	______	______
ellos, ellas	______	______	______

1. ______
2. ______
3. ______
4. ______
5. ______
6. ______
7. ______
8. ______

Nombre________________________ Fecha ____________

b **Nueva amiga.** Óscar acaba de conocer a Paula y quiere saber más de ella. Completa su conversación con estos verbos.

ayudar bailar invitar nadar
pasar pasear practicar trabajar

Óscar: ¿______________ tú muchos deportes durante el verano?

Paula: Sí, ______________ todos los días. Además, mis amigos y yo ______________ en bicicleta.

Óscar: ¿______________ también?

Paula: No, solamente en la casa. Mis hermanos y yo ______________ a mamá con la casa.

Óscar: ¿Y de noche? ¿Qué haces?

Paula: ______________ tiempo con mis amigos. A veces ellos me ______________ a una discoteca y nosotros ______________ toda la noche.

c **Mi colegio.** ¿Cómo describe Febe su rutina en el nuevo colegio?

MODELO todo / días / (yo) asistir a / colegio Central
Todos los días asisto al colegio Central.

1. (ellos) abrir / puertas / 7:00 / y (yo) / entrar / en seguida
2. (yo) aprender mucho / en todo / mi / clases
3. en / clase de inglés / profesora hacer / mucho / preguntas y todo / nosotros / responder
4. (nosotros) leer / libros / interesante / y escribir / mucho / composiciones
5. mediodía / todos / comer / cafetería
6. durante / recreo / (nosotros) beber / refrescos / patio
7. mi / amigos y yo / salir / colegio / 4:00
8. ¿qué / hacer tú / en / colegio?

ch **Después de las clases.** ¿Qué hacen estas personas al salir de la escuela?

el director

MODELO **El director limpia la casa.**

VOCABULARIO ÚTIL:

bailar	beber	comprar	correr	descansar
escribir	hablar	lavar	pasear	sacar

1. Rebeca y Daniela

____

6. Nena

____

2. la profesora

____

7. Enrique y Jacobo

____

3. mis amigos y yo

____

8. Rafa y Bea

____

4. yo

____

9. Consuelo y Noemí

____

5. Santiago

____

10. David y Hernando

____

Additional Textbook Exercises: pp. 12–14

¡DIME! DOS **Nombre** ______________________ **Fecha** ______________

1.3 Question words

Textbook, p. G7

Question Words			
¿Adónde?	*Where (to)?*	______	*When?*
______	*Where?*	______	*How much?*
______	*How, what?*	______	*How many?*
______	*Which, what?*	______	*Why?*
______	*What?*	______	*Who?*

a **Nueva ciudad.** Acabas de mudarte a una nueva ciudad. ¿Qué preguntas le haces a un nuevo amigo?

MODELO ¿__________ escuelas secundarias hay aquí?
¿Cuántas escuelas secundarias hay aquí?

1. ¿__________ es el alcalde *(mayor)*?
2. ¿__________ es el medio de transporte más rápido?
3. ¿__________ tiempo hace en el verano?
4. ¿__________ son los restaurantes—caros?
5. ¿__________ son las mejores tiendas para comprar ropa?
6. ¿__________ está la oficina de correos?
7. ¿__________ hay más festivales municipales—en verano o en invierno?
8. ¿__________ te gusta vivir en esta ciudad?

b **¡Cuántas preguntas!** Acabas de recibir una carta de tu nueva amiga por correspondencia y le dices a tu mamá que tiene muchas preguntas. Ahora tu mamá quiere saber qué información pide tu amiga. ¿Qué le dices a tu mamá?

MODELO ¿A qué escuela asistes?
Mi amiga quiere saber a qué escuela asisto.

1. ¿Cuántas clases tienes?
____
2. ¿Cuál es tu clase favorita?
____
3. ¿Qué haces después de las clases?
____
____
4. ¿Con quiénes estudias?
____
5. ¿Adónde vas los fines de semana?
____
____
6. ¿Cuántos años tienes?
____
7. ¿Cómo es tu familia?
____
8. ¿Cuándo practicas deportes?
____
____

c **Conversando.** Patricio habla por teléfono. ¿Qué preguntas le hace su amigo?

MODELO **¿Cómo estás?** Estoy *bien* gracias, ¿y tú?

Amigo: ¿(1)______________________?
Patricio: No voy al cine contigo *porque tengo que estudiar.*

Amigo: ¿(2)______________________?
Patricio: Tengo que estudiar *química.*

Amigo: ¿(3)______________________?
Patricio: Voy a estudiar *en la biblioteca.*

Amigo: ¿(4)______________________?
Patricio: Voy a estudiar *con Lisa.* Es muy inteligente.

Amigo: ¿(5)______________________?
Patricio: El examen es *el lunes.*

Amigo: ¿(6)______________________?
Patricio: El profesor se llama *López.*

Amigo: ¿(7)______________________?
Patricio: Es muy *exigente* pero es *bueno.*

Amigo: ¿(8)______________________?
Patricio: Después del examen voy *al gimnasio.*

Additional Textbook Exercises: p. 14

Unidad 1, Lección 2

1.4 The verb *estar*

Textbook, p. G9

Estar			
yo	estoy	nosotros(as)	________
tú	________	vosotros(as)	estáis
usted, él, ella	________	ustedes, ellos, ellas	________

a **¡Qué día!** ¿Cómo están estas personas?

MODELO Tengo que hacer mil cosas hoy. **Estoy muy ocupado.** Answers may vary.

VOCABULARIO ÚTIL:

aburrido cansado contento rico triste furioso
guapo listo nervioso ocupado emocionado

1. Irma tiene examen hoy.

____

2. No dormí bien anoche.

____

3. Llevas ropa muy elegante hoy.

____

4. A mí me encanta este helado.

____

____

5. Los novios van a su boda.

____

6. Los jugadores perdieron el partido.

____

7. Saqué una "A" en el examen.

____

8. El novio de Cristina salió con su amiga.

____

9. No tenemos nada que hacer.

____

10. Estudié mucho para el examen.

____

____

b **Un tour.** Hay ocho autobuses de turistas haciendo un tour por la ciudad de El Paso y sus alrededores. Di dónde están todos ahora.

MODELO el profesor Ramírez (la Universidad de Texas)
El profesor Ramírez está en la Universidad de Texas.

1. Rebeca e Iris (Centro Cívico)

____

____

2. la doctora Fuentes (el Museo de Historia)

____

____

3. tú (la Plaza San Jacinto)

____

____

4. Francisco y Mariano (el Parque Chamizal)

____

____

5. Beto (el Estadio del Sun Bowl)

____

____

6. yo (Ciudad Juárez)

____

____

7. nosotras (la Misión Ysleta)

____

____

8. ustedes (el parque de diversiones "Western Playland")

____

____

Nombre ______________________ Fecha ______________

C **El sábado.** Es el sábado y todos están ocupados. ¿Qué están haciendo estas personas?

Mamá

MODELO **Mamá está limpiando la casa.**

3. Jorge

6. yo

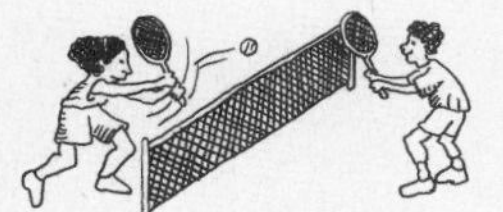

1. Enrique y Sandra

4. Clara y Micaela

7. Papá

2. la señora Martínez

5. Ana

8. Carlos

Additional Textbook Exercises: pp. 28–29

1.5 Present tense: Stem-changing verbs

Textbook, p. G11

Stem-Changing Verbs

	e → ie empezar	o → ue contar	e → i pedir
yo	empiezo	______	______
tú	______	______	______
usted, él, ella	______	______	______
nosotros(as)	______	______	______
vosotros(as)	empezáis	contáis	pedís
ustedes, ellos, ellas	______	______	______

a **Los sábados.** Micaela acaba de escribir una carta sobre sus actividades. Personaliza la carta un poco más usando *yo* como sujeto en vez de *nosotros.*

Querida amiga:

Siempre ~~*empezamos*~~ **empiezo** los sábados a las diez de la mañana con un buen desayuno. (Los fines de semana *dormimos* ______ tarde, por supuesto.) Después *limpiamos* ______ la casa y *lavamos* ______ el carro. Al terminar, *almorzamos* ______ y si *podemos* ______, *salimos* ______ a caminar en el parque. *Seguimos* ______ en el parque hasta la hora de merendar. Entonces *caminamos* ______ a un café donde *pedimos* ______ algo de beber. A veces *probamos* ______ los entremeses también. Luego *volvemos* ______ a casa. Después de cenar, *vemos* ______ televisión o *jugamos* ______ a las cartas. *Nos acostamos* ______ tarde porque los domingos también *nos despertamos* ______ tarde. *Nos divertimos* ______ mucho los fines de semana.

Manual de gramática

b **¡Examen de español!** Este fin de semana Micaela y sus amigos tienen que estudiar para un examen de español. Todos quieren hacer otras cosas pero no pueden. ¿Qué quieren hacer?

MODELO **Raúl quiere ir al cine pero no puede.**

Raúl

1. Juanita y Pancho

____

____

2. Aurelio

____

3. ustedes

____

4. yo

____

____

5. Amalia y Marcos

____

____

6. tú

____

7. Cecilia

____

8. nosotros

____

9. Dulce, María y Silvia

____

____

10. Armando

____

C **¡Desorganizada!** Jorge acaba de llegar a casa. Completa la conversación que tiene con su hermana.

Jorge: ¡Hola hermana! ¿Qué me (1)__________ (contar)?

María: Hola. ¿Sabes? No (2)______________ (poder) encontrar mi regla.

Jorge: ¡Caramba, María! Tú siempre (3)______________ (perder) todo. ¿Te (4)______________ (ayudar) a buscarla?

Un poco después

María: Yo no la (5)______________ (encontrar).

Jorge: Ni yo tampoco. Pues, (6)______________ (poder) comprar otra. Por lo menos, las reglas no (7)____________ (costar) mucho.

María: Pero yo no (8)______________ (querer) usar mi dinero.

Jorge: ¿Por qué no le (9)______________ (pedir) dinero a mamá?

María: ¿Me acompañas?

Jorge: Sí, (10)______________ (poder) ir juntos.

Additional Textbook Exercises: pp. 30–31

1.6 Present tense: Irregular verbs

Textbook, p. G14

a **Marta.** Ésta es la composición que Julia, la mejor amiga de Marta, escribió sobre Marta. ¿Qué piensa Marta al leer la composición? Para contestar la pregunta, cambia todos los verbos a la forma de *yo*.

(*Tiene*) ______________ muchísimos amigos. (*Conoce*) ______________ a todo el mundo y siempre (*da*) ______________ buena impresión. (*Asiste*) ______________ a muchas fiestas y (*sabe*) _________ bailar muy bien. (*Sale*) ______________ con un muchacho muy guapo. Lo (*ve*) ___________ mucho y (*hace*) ____________ muchas cosas con él. Le (*dice*) ___________ a todo el mundo que (*tiene*) ______________ una vida muy feliz.

b **¡Feliz cumpleaños!** Felipe está describiendo las fiestas de cumpleaños de su familia. Para saber lo que dice, completa este párrafo.

Me encantan las fiestas de cumpleaños. Yo siempre ______________ (hacer) mucho para ayudar a mi mamá. Antes de la fiesta, mamá y yo ______________ (preparar) un pastel muy rico. Más tarde yo ______________ (salir) con papá para comprar los refrescos. Después, yo ______________ (traer) unos discos de mi cuarto y ______________ (poner) la música. Cuando Paquita, la vecina, ______________ (oír) la música, ella ______________ (venir) a la fiesta inmediatamente. Durante la fiesta nosotros ______________ (comer) y ______________ (escuchar) música y ______________ (dar) regalos. Yo siempre ______________ (dar) regalos muy bonitos. ¡Cuánto me ______________ (gustar) las fiestas!

c **¡Pobres padres!** Todos los años los niños en el *kindergarten* dicen cosas muy divertidas los primeros días de clases. Completa estas oraciones para saber algunas de las cosas que dijeron este año.

1. Yo ____________ (saber) que ______________ (tener) diecinueve años.
2. No duermo bien porque ______________ (oír) a mi hermano roncar *(snore)* toda la noche.
3. Yo no ______________ (venir) a clase todos los días porque mis padres duermen toda la mañana.
4. Hoy ______________ (traer, yo) a mi perro porque necesita una educación. Mamá dice que es tonto.
5. El 4 de julio siempre me ______________ (poner) camisa blanca, pantalones rojos y calcetines azules.
6. Yo no ______________ (conocer) a mi tía.
7. Yo siempre ______________ (hacer) el desayuno para mis padres.
8. Papá dice que yo nunca ______________ (decir) la verdad.

Additional Textbook Exercises: pp. 31–32

Unidad 1, Lección 3

1.7 Adjectives

Textbook, p. G16

	Singular	Plural
masculine	alto	________
feminine	________	________
	inteligente	________
	fenomenal	________

a **Gemelos.** Cambia esta descripción de Matilde a una descripción de Matilde y su hermano gemelo, Mateo. Matilde y Mateo se parecen mucho.

MODELO **Tengo unos buenos amigos que...**

Tengo una buena amiga que se llama Matilde.

____

____

Es baja y morena y muy delgada.

____

____

Es muy simpática e inteligente.

____

____

Habla tres lenguas.

____

____

Además, es buena estudiante.

____

____

Es seria y estudiosa.

____

____

También es divertida y muy alegre.

____

____

Es muy buena amiga.

____

____

b **No es así.** Héctor y Roberto fueron al mismo restaurante para comer anoche, pero tienen impresiones totalmente opuestas. ¿Cómo responde Roberto a los comentarios de Héctor? Selecciona los adjetivos apropiados.

aburrido / antipático / caro / lento / malo / poco / terrible / viejo

Héctor: ¡Qué buen restaurante es el Bodegón!

Roberto: ¡Al contario! Ese restaurante es ________.

Héctor: La comida es excelente y económica.

Roberto: ¡No! La comida es ____________ y ____________.

Héctor: Dan mucha comida.

Roberto: Al contrario, dan ________ comida.

Héctor: El servicio es muy rápido.

Roberto: ¡Estás loco! El servicio es ____________.

Héctor: Los camareros son simpáticos y jóvenes.

Roberto: ¡Qué va! Ellos son ____________ y ____________.

Héctor: Yo creo que es muy interesante comer allí.

Roberto: Yo no. Yo creo que es ____________.

Additional Textbook Exercises: pp. 43–44

Nombre ______________________ Fecha ____________

1.8 The verbs *ser, ir* and *tener*

Textbook, p. G17

	ser	ir	tener
yo	soy	voy	tengo
tú	______	______	______
usted, él, ella	______	______	______
nosotros(as)	______	______	______
vosotros(as)	sois	vais	tenéis
ustedes, ellos, ellas	______	______	______

a **Amigas por correspondencia.** Josefina acaba de escribirle una carta a su nueva amiga por correspondencia. Para saber lo que dice, completa su carta con **ser.**

Querida Susana:

Yo ___________ tu nueva amiga por correspondencia. Mi nombre ___________ Josefina Delgado. ___________ (yo) alta y rubia. Mi familia ___________ de Italia pero vivimos en Nicaragua. Mis dos hermanos ___________ estudiantes universitarios y mi hermanita y yo ___________ estudiantes del Colegio San Juan. Mi papá ___________ arquitecto y mi mamá ___________ ingeniera. Los dos ___________ muy trabajadores y buenos papás. ¿Cómo ___________ tú? ¿Cómo ___________ tu familia? Escríbeme pronto. Tengo muchas ganas de conocerte.

Tu nueva amiga,

Josefina

b **Planes.** Todos tus amigos tienen planes para mañana. ¿Qué van a hacer?

MODELO Andrés: parque (jugar tenis)
Mañana Andrés va al parque. Va a jugar tenis.

1. María y Teresa: museo (ver artesanías)

____

2. tú: Restaurante Ofelia (probar la comida)

____

3. los Perón: aeropuerto (salir de viaje)

____

4. yo: cine (ver la nueva película)

____

5. la profesora: gimnasio (hacer ejercicio)

____

6. nosotros: tienda (comprar ropa)

____

7. ustedes: discoteca (bailar)

____

8. Luis: biblioteca (buscar un libro)

____

c **Obligaciones.** Varios estudiantes están hablando en el patio de la escuela antes de empezar las clases. ¿Qué dicen?

MODELO Iris / tener que / escribir / composición **Iris tiene que escribir una composición.**

1. Olga / tener / matemáticas / 10:00
2. yo / tener que / estudiar / después de / clases
3. Felipe / no tener / mochila
4. tú / tener / nuevo / computadora / ¿no?
5. Horacio / tener miedo / perros / grande
6. nosotros / tener / práctica de fútbol / 4:00
7. profesores / tener que / hablar / con el director / este / mañana
8. tú y yo / tener / francés / 1:30
9. Raquel y Mario / tener / mucho / libros / interesante
10. yo / tener ganas de / ir / cine

ch **En el pasillo.** Paco y Sara se encuentran en el pasillo de la escuela antes de las clases. Para saber lo que dicen, completa su conversación con la forma apropiada de **estar, ir, ser** o **tener.**

Paco: ¡Hola, chica! ¿Cómo __________?

Sara: Regular. __________ un poco preocupada porque __________ un examen en la clase de historia y __________ que estudiar mucho.

Paco: ¿Quién __________ el profesor?

Sara: __________ una profesora nueva–la señora Bustamante.

Paco: ¿Cómo __________? No la conozco.

Sara: __________ alta y __________ el pelo negro.

Paco: ¿A qué hora __________ la clase?

Sara: __________ mañana a las 2:00.

Paco: Entonces, __________ tiempo para estudiar.

Sara: Sí. __________ a la biblioteca a estudiar ahora mismo.

Additional Textbook Exercises: pp. 43–46

1.9 *Hacer* in expressions of time: Present tense

Textbook, p. G20

***Hacer* in expressions of time**

To tell how long someone has been doing something:
______ + *[time]* + ______ + *[present tense]*

To ask how long someone has been doing something:
¿__________ + *[present tense]*?

a **¿Y tú?** Ahora tu profesor(a) te hace unas preguntas a ti. ¿Qué dices?

MODELO estudiar español **Hace un año que estudio español.**

1. estudiar inglés
2. tocar (un instrumento)
3. conocer al (a la) director(a) del colegio
4. participar en actividades del colegio
5. vivir en esta comunidad
6. jugar (un deporte)
7. saber leer
8. salir con (una persona)

b **La familia de Leonor.** Según Leonor, su familia es muy especial. ¿Por qué?

MODELO 5 años / tía / cantar ópera
Hace cinco años que mi tía canta ópera.

1. 9 años / mamá / tocar / piano
   Hace 9 años que mi mamá toca piano.
2. 11 años / papá / jugar fútbol
   Hace 11 años que mi papá juega fútbol.
3. 6 años / hermano / hablar chino
   Hace 6 años que mi hermano habla chino
4. 3 años / primos / bailar / ballet folklórico
   Hace 3 años que mis primos bailan el ballet folklórico.
5. 5 años / yo / practicar karate
   Hace 5 años que yo practico karate.
6. 15 años / abuelo / escribir poemas
   Hace 15 años que mi abuelo escribe poemas.
7. 13 años / tío / ser artista
   Hace 13 años que mi tío es artista.
8. 4 años / hermanas / hacer gimnasia
   Hace 4 años que mi hermano hace gimnasia.

c **¿Cuánto tiempo?** Eres reportero(a) para el periódico escolar. Ahora estás preparando una lista de preguntas para hacerles a los profesores. ¿Qué les vas a preguntar a los profesores que tú tienes que entrevistar?

MODELO hablar español
¿Cuánto tiempo hace que usted habla español?

1. vivir en esta ciudad
   ¿Cuánto tiempo hace que usted vive en esta ciudad?
2. ser profesor(a) de español
   ¿Cuánto tiempo hace que usted es profesor de español?
3. ser casado(a)
   ¿Cuánto tiempo hace que usted es casado?
4. tener interés en otras culturas
   ¿Cuánto tiempo hace que usted tiene interés en otras culturas?
5. escribir cartas en español
   ¿Cuánto tiempo hace que usted escribe cartas en español?
6. tener amigos que hablan español
   ¿Cuánto tiempo hace que usted tiene amigos que hablan español?
7. leer novelas en español
   ¿Cuánto tiempo hace que usted lee novelas en español?
8. tocar la guitarra
   ¿Cuánto tiempo hace que usted toca la guitarra?
9. bailar el tango
   ¿Cuánto tiempo hace que usted baila el tango?
10. participar en festivales internacionales
   ¿Cuánto tiempo hace que participa en festivales internacionales?

Additional Textbook Exercises: p. 46

Unidad 2, Lección 1

2.1 Direct object pronouns

Textbook, p. G22

Direct Object Pronouns			
me	me	nos	us
you (familiar)	te	os	you (familiar)
you (m. formal)	lo	los	you (m. formal)
you (f. formal)	la	las	you (f. formal)
him, it (m.)	lo	los	them (m.)
her, it (f.)	la	las	them (f.)

a **¿Los conoces?** ¿Conoces estos lugares?

MODELO el Museo de Antropología en México
Lo conozco. o **No lo conozco.**

1. el río Misisipí Lo conozco.
2. los parques de tu ciudad Los conozco.
3. la Casa Blanca La conozco.
4. el Teatro Degollado en Guadalajara Lo conozco.
5. las pirámides de Egipto Las conozco.
6. el Alcázar de Segovia Lo conozco.
7. la catedral de Notre Dame en París La conozco.
8. las Montañas Rocosas ~~Las~~ No Las ~~cono~~ conozco.

b **¡Mamáaa!** Es el primer día de la escuela y Pepita está muy preocupada. ¿Qué dicen ella y su mamá?

MODELO llevar a la escuela (sí)
Pepita: **¿Vas a llevarme a la escuela?** o **¿Me vas a llevar a la escuela?**
Mamá: **Sí, voy a llevarte.** o **Sí, te voy a llevar.**

1. acompañar a la clase (no)
   Pepita: ______
   Mamá: ______
2. esperar después de las clases (sí)
   Pepita: ______
   Mamá: ______
3. ayudar con la tarea (sí)
   Pepita: ______
   Mamá: ______
4. visitar en la clase (no)
   Pepita: ______
   Mamá: ______
5. llamar al mediodía (no)
   Pepita: ______
   Mamá: ______
6. buscar a las tres (sí)
   Pepita: ______
   Mamá: ______

c **¿Estás listo(a)?** Tu mamá te hace estas preguntas durante el desayuno. ¿Qué dices?

MODELO ¿Tienes tu sándwich? **Sí, lo tengo.** o **No, no lo tengo.**

1. ¿Tienes tu tarea?
   No, no lo tengo.
2. ¿Estás comiendo el cereal?
   Sí, lo estoy comiendo el cereal.
3. ¿Quieres más jugo?
   Sí, lo quiero más jugo.
4. ¿Vas a llevar a Elena y a Ana hoy?
   Sí, yo voy a llevar a Elena y a Ana hoy.
5. ¿Me estás escuchando?
   No, no ~~lo~~ te estoy escuchando
6. ¿Tienes tus libros?
   No, no lo tengo.
7. ¿Quieres llevar una manzana?
   Sí, quiero llevar una manzana.
8. ¿Vas a llamar a tu padre durante el almuerzo?
   Sí, voy a llamar a tu padre durante el almuerzo

Nombre ______________________ **Fecha** ____________

ch **¡Qué divertido!** La familia Torres pasa mucho tiempo haciendo sus cosas favoritas. Según Sancho, ¿qué están haciendo ahora?

MODELO A mamá le gusta leer el periódico. **Está leyéndolo ahora.**

1. A Joaquín le gusta jugar tenis.
   Está júgandolo jugar tenis.
2. A mis hermanitos les gusta ver televisión.
   Están veyéndola televisión.
3. A mamá y a mí nos gusta escuchar música.
   Estamos escúchandola música.
4. A mi tía Celia le gusta leer sus revistas favoritas.
   Está leyéndolas sus revistas favoritas.
5. A mí me gusta hacer la tarea.
   Estoy hácendola tarea.
6. A papá y a Elena les gusta lavar los carros.
   Están lávandolosahora.
7. A mis abuelitos les gusta tomar chocolate.
   Están tomandolo ahora.
8. A mi tío Pepe le gusta tocar la guitarra.
   Está tócandola ahora.

Additional Textbook Exercises: pp. 65–66

2.2 Possessive adjectives

Textbook, p. G24

Possessive Adjectives

	SINGULAR	PLURAL	SINGULAR	PLURAL	
my	**mi**	______	______	______	*ours (m.)*
			______	______	*ours (f.)*
your (fam.)	______	______	**vuestro**	**vuestros**	*your (m.)*
			vuestra	**vuestras**	*your (f.)*
your (form.)	______	______	______	______	*your*
his / her / its	______	______	______	______	*their*

a **¡Qué noche!** Después de pasar la noche en casa de Amanda, todas las chicas están teniendo problemas en encontrar sus cosas. Según Amanda, ¿qué no encuentran?

MODELO Juanita
Juanita no encuentra su reloj.

1. nosotras
   ____
2. Noemí y Clara
   ____
3. yo
   ____
4. Julia
   ____
5. Lilia
   ____
6. Marta y Eva
   ____
7. Enriqueta
   ____
8. tú
   ____

b **Su orden.** Tú y un grupo de amigos están en su restaurante favorito. Cuando el mesero trae la comida, te pregunta si sabes lo que pidieron todos. ¿Qué le dices?

MODELO La pizza, ¿es de David y Carlos? **Sí, es su pizza.**

1. Los sándwiches, ¿son de Sole y Jorge? __________
2. La hamburguesa, ¿es de Amalia? __________
3. El pollo, ¿es de Matías y Yolanda? __________
4. Los refrescos, ¿son de Édgar y Chela? __________
5. El pastel de manzana, ¿es de Inés? __________
6. La sopa, ¿es de Lucas? __________
7. Las papas, ¿son de Laura? __________
8. El café, ¿es de Virginia y Roberto? __________

c **Álbum de fotos.** Le estás enseñando un álbum de fotos a una nueva amiga. ¿Qué dicen?

MODELO abuela / tía *Tú:* **¿Es tu abuela?**
Amiga: **No, es mi tía.**

1. primos / hermanos
Tú: __________
Amiga: __________
2. mamá / tía
Tú: __________
Amiga: __________
3. hermanos / sobrinos
Tú: __________
Amiga: __________
4. tío / abuelo
Tú: __________
Amiga: __________
5. hermana / prima
Tú: __________
Amiga: __________
6. primo / papá
Tú: __________
Amiga: __________

ch **Nuestra casa.** Describe la casa donde vives.

VOCABULARIO ÚTIL:

cómodo / incómodo	grande / pequeño	moderno / viejo
duro / blando	bonito / feo	elegante / ordinario

EJEMPLO sala **Nuestra sala es pequeña.**

1. sofá __________
2. sillas __________
3. baños __________
4. televisor __________
5. cocina __________
6. comedor __________
7. alcobas __________
8. camas __________

Additional Textbook Exercises: pp. 66–67

Nombre ______________________ Fecha ______________

Unidad 2, Lección 1

2.1 Direct object pronouns

Textbook, p. G27

Preterite of *-ar,* and *-er, -ir* Verbs

	pasar	comer	salir
yo	pasé	______	______
tú	______	______	______
usted, él, ella	______	______	______
nosotros(as)	______	______	______
vosotros(as)	pasasteis	comisteis	salisteis
ustedes, ellos, ellas	______	______	______

Preterite of *ir, ser* and *hacer*

	ir	ser	hacer
yo	fui	______	______
tú	______	______	______
usted, él, ella	______	______	______
nosotros(as)	______	______	______
vosotros(as)	fuisteis	fuisteis	hicisteis
ustedes, ellos, ellas	______	______	______

a **¿Los conoces?** ¿Conoces estos lugares?

MODELO el Museo de Antropología en México

Yo me (**despierto**) ______ a las seis y cuarto pero no me (**levanto**) ______ hasta las seis y media. Primero (**desayunamos**) ______ y después, mi mamá (**prepara**) ______ el almuerzo y mis hermanos y yo nos (**arreglamos**) ______ para las clases. Mi papá nos (**lleva**) ______ a la escuela. (**Llegamos**) ______ a la escuela a las ocho y (**pasamos**) ______ seis horas allí. Después de las clases yo (**trabajo**) ______ en un café y mis hermanos (**practican**) ______ deportes. Raúl (**juega**) ______ fútbol y Micaela, tenis. (**Llego**) ______ a casa muy cansada a eso de las seis. Todos (**cenamos**) ______, y después (**estudio**) ______ mis lecciones y me (**acuesto**) ______ temprano.

Lo conozco. o **No lo conozco.**

b **¡Mamáaa!** Es el primer día de la escuela y Pepita está muy preocupada. ¿Qué dicen ella y su

1. yo / aprender / nuevo juego / y recibir / premio
____
2. Jaime / descubrir / carros chocones
____
3. nosotros / subir a los carros / divertirse
____
4. todos / oír / nuestro / gritos
____
5. Pablo / comer / mucho / hamburguesas
____
6. Enrique / Tomás / beber / mucho / refrescos
____
7. nosotros / salir tarde / y perder el autobús
____
8. yo / volver / casa / y escribir / carta / mi abuelo
____

C **Un buen día.** Sofía le escribió esta notita a su amiga Ana. Completa la nota con las formas apropiadas de **hacer, ir** y **ser.**

Ayer (1)________ un día buenísimo. Yo (2)________ al colegio a pie. (3)________ muy buen tiempo todo el día. Las clases (4)____________ divertidas. (5)________ muchas cosas interesantes. Por la tarde, mi clase de biología (6)________ una excursión al lago. Y tú, ¿qué (7)________? ¿(8)____________ (tú) a una parte interesante? Escríbeme.

CH **Después de las clases.** Antonio y Bárbara están hablando. Para saber lo que dicen, completa su conversación con la forma apropiada del verbo indicado.

1. ir	**4.** ir	**7.** gustar	**10.** hacer	**13.** conocer
2. buscar (yo)	**5.** ver (ustedes)	**8.** ser	**11.** jugar	**14.** ganar
3. encontrar	**6.** ver (nosotros)	**9.** llegar	**12.** jugar	**15.** ser

Antonio: ¿Adónde (1)____________ ayer después de las clases? Te (2)____________ pero no te (3)____________.

Bárbara: (4)________ al cine con Verónica.

Antonio: ¿Ah, sí? ¿Qué (5)____________?

Bárbara: (6)________ una nueva película de terror.

Antonio: ¿Les (7)__________?

Bárbara: Sí, (8)________ buenísima y muy larga. Yo no (9)____________ a casa hasta las siete. Y tú, ¿qué (10)____________ ?

Antonio: (11)____________ tenis.

Bárbara: ¿Con quién (12)____________?

Antonio: Con Manuel, un nuevo amigo que (13)____________ allí.

Bárbara: ¿Quién (14)____________?

Antonio: Nadie. (15)____________ un empate.

Additional Textbook Exercises: pp. 83–85

2.4 Adjectives of nationality

Textbook, p. G30

Adjectives of Nationality

	SINGULAR	PLURAL
MASCULINE	colombiano	____________
FEMININE	____________	____________
	SINGULAR	PLURAL
MASCULINE / FEMININE	canadiense	____________
	israelita	____________
	paquistaní	____________
	SINGULAR	PLURAL
MASCULINE	español	____________
	japonés	____________
FEMININE	española	____________
	japonesa	____________

A **Familias internacionales.** ¿Cuál es la nacionalidad de las familias de estos estudiantes?

MODELO Enrique es cubano.
Su familia es cubana.

1. Benito es italiano.
Su familia es cubana.
2. Kwang Mi es coreana.
Su familia es coreana.
3. Pierre es francés.
Su familia es francesa.
4. Keiko es japonesa.
Su familia es japonesa.
5. Heinrich es alemán.
Su familia es alemana.
6. Gabriela es nicaragüense.
Su familia es nicaragüense.
7. Tomás es español.
Su familia es española.
8. Lisa es estadounidense.
Su familia es estadounidense.

b **Campamento.** Sonia acaba de regresar de un campamento internacional. ¿Cómo describe las fotos que sacó?

MODELO Este señor alto es inglés. Es muy simpático. (señoras)
Estas señoras altas son inglesas. Son muy simpáticas.

1. Ésta es la directora. Es francesa y muy inteligente. (director)
   Éste es el director. Es francés y muy inteligente.

2. Este chico es peruano. Es muy divertido. (chica)
   Esta chica es peruana. Es muy divertida.

3. Esta chica es mi mejor amiga. Es rusa y es tímida. (chicas)
   Estas chicas son mis mejores amigas. Son rusas y son tímidas.

4. Este niño es filipino. Es muy cómico. (niños)
   Estos niños son filipinos. Son muy cómicos.

5. Los chicos morenos son mis amigos chilenos. (chicas)
   Las chicas morenas son mis amigas chilenas.

6. La joven venezolana es simpática. (jóvenes)
   Los jóvenes venezolanos son simpáticos.

7. Él es mi compañero costarricense. (compañeras)
   Ellas son mis compañeras costarricenses.

8. Estos chicos altos son puertorriqueños. (chica)
   Estas chicas altas son puertorriqueñas.

Additional Textbook Exercises: pp. 86–87

Unidad 2, Lección 3

2.5 Comparatives

Textbook, p. G32

Comparatives

When making unequal comparisons, use
_____ + [adjective, adverb or noun] + _____
_____ + [adjective, adverb or noun] + _____

When making equal comparisons, use
_____ + [adjective or adverb] + _____
_____ + [noun] + _____

a **En la clínica.** Hugo y Paco son hermanos. ¿Cómo se comparan?

Nombre:	Hugo Ruiz	**Nombre:**	Paco Ruiz
edad:	18	**edad:**	15
estatura:	175 cm	**estatura:**	173 cm
peso:	100 kg	**peso:**	80 kg

MODELO _____ es más grande que _____. **Hugo es más grande que Paco.**

1. _____ es más bajo que _____.
2. _____ es más alto que _____.
3. _____ es menos gordo que _____.
4. _____ es más pequeño que _____.
5. _____ es menor que _____.
6. _____ es más delgado que _____.
7. _____ es menos grande que _____.
8. _____ es mayor que _____.

b **¡Casi idénticos!** Todo el mundo dice que Carlota es la mujer ideal para Luis porque los dos son muy similares en apariencia y personalidad. Son casi idénticos.

MODELO alto **Carlota es tan alta como Luis.**
años **Carlota tiene tantos años como Luis.**

1. delgado
2. simpático
3. guapo
4. amigos
5. popular
6. estudioso
7. inteligente
8. clases
9. divertido
10. actividades

C **Es evidente.** ¿Cómo se comparan estas cosas?

MODELO las computadoras y los lápices (moderno)
Las computadoras son más modernas. o **Los lápices son menos modernos.**

1. el autobús y el avión (lento)
2. la serpiente y el elefante (gordo)
3. los coches y las bicicletas (caro)
4. la nota "F" y la nota "A" (bajo)
5. el perro y el tren (rápido)
6. el agua y la limonada (delicioso)
7. los libros y las revistas (pesado)
8. una pizza y una hamburguesa (caro)
9. la computadora vieja y la computadora nueva (mejor/peor)
10. el tigre y las pulgas (feroz)

2.6 Superlatives

Textbook, p. G34

Additional Textbook Exercises: pp. 99–100

a **De viaje.** En su viaje por Venezuela, todo lo que ve le impresiona a Leticia. ¿Qué dice cuando regresa a Estados Unidos?

MODELO montañas: alto
Las montañas son altísimas.

1. hoteles: elegante
2. ciudad: grande
3. edificios: alto
4. comida: rico
5. río: largo
6. gente: simpático
7. cama: cómodo
8. tren: rápido

Superlatives

To express the *highest* degree of quality, use

____, ____ / ____, ____ } [noun] + ____ / + ____ } + [adjective]

When the thing or quality being compared is *not* mentioned, use

____, ____ / ____, ____ } ____ / ____ } + [adjective]

b **Los Vargas.** ¿Cómo son los miembros de la familia Vargas?

MODELO La persona más joven es ______.
La persona más joven es René.

1. La persona mayor es ________________.
2. La persona más grande es ________________.
3. La adulta más baja es ________________.
4. La persona menos joven es ________________.
5. La persona más pequeña es ________________.
6. La persona más delgada es ________________.
7. La persona menos delgada es ________________.
8. La persona más alta es ________________.

Cristina Teodoro Papá Mamá René Abuelita

c **Fanfarrón.** Máximo cree que todo lo que tiene y hace es lo mejor. ¿Qué dice?

MODELO yo / tener / clases / interesante / escuela
Yo tengo las clases más interesantes de la escuela.

1. yo / tener / carro / rápido / ciudad
2. mis hermanos y yo / ser / jóvenes / inteligente / escuela
3. yo / ser / estudiante / estudioso / clase
4. mi hermano / ser / jugador / fuerte / equipo
5. yo / tener / amigos / simpático / mundo
6. yo / ser / hijo / listo / familia
7. mi novia / ser / chica / bonita / escuela
8. yo / tener / familia / famosa / ciudad

d **Mi familia.** ¿Cómo describes a los miembros de tu familia?

MODELO alto **Mi tía (mamá / hermana / prima) es la más alta.** o
Mi padre (hermano / tío / primo) es el más alto.

1. delgado
2. bajo
3. estudioso
4. pequeño
5. tímido
6. cómico
7. gordo
8. joven

Additional Textbook Exercises: pp. 101–102

Nombre ______________________ Fecha ______________

Unidad 3, Lección 1

3.1 The preterite tense: Irregular verbs

Textbook, p. G37

Dar	
yo	di
tú	________
usted, él, ella	________
nosotros(as)	________
vosotros(as)	**disteis**
ustedes, ellos, ellas	________

Haber

Present tense:

________ *(there is / there are)*

Preterite tense:

________ *(there was / there were)*

a **Buenas intenciones.** Todos quisieron leer veinte libros durante el verano. ¿Qué pasó? ¿Lo hicieron?

MODELO Patricia (sí)
Patricia quiso leer veinte libros y pudo hacerlo.
Hortensia (no)
Hortensia quiso leer veinte libros pero no pudo hacerlo.

1. Raúl (sí) ______________________
2. Constanza y Edgar (no) ______________________
3. tú (no) ______________________
4. yo (sí) ______________________
5. ustedes (no) ______________________
6. nosotros (sí) ______________________
7. Elena (sí) ______________________
8. Narciso y Silvia (no) ______________________
9. usted (sí) ______________________

b **¡Ganó Sara!** Hubo elecciones estudiantiles ayer. ¿Cuándo supieron estas personas los resultados?

MODELO el director: primero **El director los supo primero.**

1. Sara: inmediatamente ______________________
2. los profesores: después de las clases ______________________
3. yo: a las tres y media ______________________
4. Jacobo y Marisela: después de la clase de música ______________________
5. tú: al llegar a casa ______________________
6. ustedes: al hablar con Sara ______________________
7. Diego: por la noche ______________________
8. las secretarias: hoy por la mañana ______________________
9. ellos: el día siguiente ______________________

c **¡Pobrecito!** Si Federico hace esto todos los días, ¿qué hizo ayer?

MODELO **Ayer caminé a la ...**

(Camino) ____________ a la escuela. ¡Uf! *(Traigo)* ____________ muchos libros en mi mochila. *(Llego)* ____________ a las ocho y *(estoy)* ____________ allí hasta las tres. *(Tengo)* ____________ que estudiar mucho porque *(hay)* ____________ mucho que aprender. Los profesores *(dan)* ____________ mucha tarea y por eso, no *(puedo)* ____________ ver televisión. ¡Pobre de mí!

ch **¡Auxilio!** Diego está entrevistando a dos personas sobre un accidente. ¿Qué le dicen que vieron?

1. ver	4. pasar	7. llamar	10. haber	13. poner
2. poder	5. chocar	8. venir	11. tener	14. decir
3. ver	6. correr	9. hacer	12. dar	

Diego: ¿(1) ________________ ustedes el accidente?

Mamá: Yo no (2) ________________ ver mucho, pero mi hijo lo (3) ________________ todo.

Diego: ¿Ah, sí? ¿Qué (4) ________________, joven?

Hijo: Dos carros (5) ________________ en la esquina. Yo (6) ________________ a mi casa y mamá (7) ________________ a la policía. Muy pronto (8) ________________ la policía y la ambulancia.

Diego: ¿Qué (9) ________________?

Hijo: Pues, (10) ________________ una mujer lastimada y (11) ________________ que llevarla al hospital. Le (12) ________________ un calmante y la (13) ________________ en una ambulancia.

Diego: ¡Qué lástima! ¿Va a estar bien?

Mamá: La policía (14) ________________ que sí.

Diego: Gracias por la entrevista.

Additional Textbook Exercises: pp. 123–124

3.2 Demonstratives

Textbook, p. G39

Demonstratives

	CERCA		LEJOS		MÁS LEJOS	
	m.	*f.*	*m.*	*f.*	*m.*	*f.*
SINGULAR	**este**	________	**ese**	________	**aquel**	________
PLURAL	________	________	________	________	________	________

a **Fotos.** Felipe le está enseñando a su amigo Alejandro su álbum de fotos. ¿Qué dice?

MODELO señora / tía Luisa
Esta señora es mi tía Luisa.

1. chico / amigo Raúl

____

____

2. chicos / primos Jorge y Virginia

____

____

3. señora / tía Yolanda

____

____

4. chica / amiga Linda

____

____

5. muchachas / sobrinas Elena y Lilia

____

____

6. señor / abuelo materno

____

____

b **De compras.** Tú estás de compras en un almacén grande. ¿Qué dices al comparar estas cosas?

MODELO
Esta guitarra es buena pero aquélla es buenísima.

1. ______________________

2. ______________________

3. ______________________

4. ______________________

5. ______________________

6. ______________________

7. ______________________

8. ______________________

c **Opiniones.** Iris es una persona muy positiva y Samuel es una persona muy negativa. ¿Qué dicen ellos?

MODELO libro: interesante / aburrido *Iris:* **Este libro es interesante.**
Samuel: **¿Ése? Es aburrido.**

1. clase: organizado / desorganizado
Iris: ______________________
Samuel: ______________________

2. muebles: hermoso / feo
Iris: ______________________
Samuel: ______________________

3. noticias: excelente / terrible
Iris: ______________________
Samuel: ______________________

4. video: estupendo / horrible
Iris: ______________________
Samuel: ______________________

5. idea: muy bueno / ridículo
Iris: ______________________
Samuel: ______________________

6. carros: muy bueno / muy malo
Iris: ______________________
Samuel: ______________________

7. doctor: simpático / antipático
Iris: ______________________
Samuel: ______________________

8. hamburguesas: especial / ordinario
Iris: ______________________
Samuel: ______________________

Additional Textbook Exercises: p. 124

Unidad 3, Lección 2

Affirmative *tú* Commands		
escuchar	-a	escucha
comer	-e	Come
abrir	-e	abre

Irregular Affirmative *tú* Commands		
Infinitive	*Yo* Present	Command
decir	digo	di
poner	pongo	pon
salir	salgo	sal
tener	tengo	ten
venir	vengo	ven
hacer	hago	haz
ir	voy	ve
ser	soy	sé

3.3 Affirmative *tú* commands: Regular and irregular

Textbook, p. G41

a **¡A trabajar!** Es tu primer día de trabajo en un restaurante. ¿Qué te dicen los otros empleados?

MODELO trabajar más rápido
Trabaja más rápido.

1. venir al trabajo temprano
   Ven al trabajo temprano
2. salir después de terminar de limpiar
   Sal después de terminar de limpiar.
3. contar los cubiertos
   Cuenta los cubiertos.
4. tener paciencia
   Ten paciencia.
5. saludar a los clientes
   Saluda a los clientes.
6. almorzar a las dos
   Almuerza a las dos.
7. ir a comprar más leche
   Ve a comprar más leche.
8. decir gracias por las propinas
   Di gracias por las propinas.

b **Procrastinadora.** Susana siempre deja para mañana lo que debe hacer hoy. ¿Qué consejos le das?

MODELO Prefiero comenzar el trabajo mañana.
Comiénzalo ahora.

1. Prefiero escribir la composición mañana.
   Escribela ahora.
2. Prefiero lavar los platos mañana.
   Lavalos ahora.
3. Prefiero limpiar la casa mañana.
   Limpiala ahora.
4. Prefiero lavar el carro mañana.
   Lavalo ahora.
5. Prefiero hacer la tarea mañana.
   Hazla ahora.
6. Prefiero leer el libro mañana.
   Leelo ahora.
7. Prefiero ayudarte mañana.
   Ayudame ahora.
8. Prefiero pagar la cuenta mañana.
   Pagala ahora.
9. Prefiero practicar la guitarra mañana.
   Practicala ahora.
10. Prefiero aprender las palabras mañana.
    Aprendelas ahora.
11. Prefiero llamar a mi prima mañana.
    Llamala ahora.
12. Prefiero pensar en este problema mañana.
    Piensala ahora.

Additional Textbook Exercises: pp. 138–141

Nombre____________________ Fecha__________

3.4 Negative *tú* commands: Regular and irregular

Textbook, p. G43

Regular Negative *tú* commands

Infinitive	*Yo* Present	Negative *Tú* Command
escuchar	**escucho**	**no escuches**
pensar	______	______
contar	______	______
comer	______	______
hacer	______	______
abrir	______	______
dormir	______	______
pedir	______	______
decir	______	______

Irregular Negative *tú* commands

Infinitive	Negative *tú* Command
dar	**no des**
estar	______
ir	______
ser	______

a **¿Qué hago?** Es tu primer día de trabajo en un almacén. ¿Cómo te contestan los otros empleados?

MODELO ¿Trabajo en la caja?
No, no trabajes en la caja.

1. ¿Hablo mucho con los clientes?
______
2. ¿Voy al banco?
______
3. ¿Cuento el dinero?
______
4. ¿Escribo los precios?
______
5. ¿Organizo las cosas?
______
6. ¿Limpio el piso?
______
7. ¿Como al mediodía?
______
8. ¿Salgo a las cuatro y media?
______

b **Traviesa.** Tienes que cuidar a una niña muy activa. ¿Qué le dices?

MODELO no tocar las fotos
No toques las fotos.

1. no jugar con el perro
______
2. no salir al patio
______
3. no ir a la tienda
______
4. no abrir la nevera
______
5. no ver ese programa
______
6. no hablar por teléfono
______
7. no poner el gato en la mesa
______
8. no decir nada
______

c **Consejos.** Tu primo va a entrar en una nueva escuela. ¿Qué consejos le das?

1. llegar **2.** ser **3.** hablar **4.** estar **5.** dar **6.** ir **7.** escribir **8.** poner

Tengo muchos buenos consejos para ayudarte en la escuela. Primero, nunca (1)__________ tarde a clase. Y no (2)__________ descortés, sobre todo con los profesores y no (3)__________ demasiado. Los días de exámenes, no (4)__________ nervioso y no les (5)__________ las respuestas a tus compañeros nunca. No (6)__________ al patio durante las clases. No (7)__________ en el pupitre y no (8)__________ chicle allí tampoco. Pero no te preocupes. Todo va a salir bien y vas a tener mucho éxito.

ch **¿Te ayudo?** Ahora estás en tu fiesta de cumpleaños y tu hermanito quiere ayudarte. ¿Qué le dices?

MODELO ¿Preparo la limonada? **No, no la prepares.**

1. ¿Pongo la mesa?
2. ¿Sirvo los nachos?
3. ¿Canto mi canción favorita?
4. ¿Toco la guitarra?
5. ¿Paso los entremeses?
6. ¿Corto el pastel?
7. ¿Traigo el helado?
8. ¿Te ayudo?

Additional Textbook Exercises: pp. 140–141

3.5. *Usted* / *ustedes* commands

Textbook, p. G45

a **¡Ay de mí!** En un programa de radio varias personas hablan de sus problemas. ¿Qué les dice el locutor?

MODELO Yo soy muy flaco porque como poco.
La solución es fácil. ¡Coma más!

1. Soy muy tímido y hablo poco.
2. Siempre estoy cansada porque duermo poco.
3. Tengo poco dinero porque trabajo poco.
4. Estoy aburrido porque salgo poco.
5. Conozco pocos lugares porque viajo poco.
6. No soy fuerte porque hago poco ejercicio.
7. No converso bien porque leo poco.
8. Toco la guitarra mal porque practico poco.

Regular *Usted / Ustedes* Commands

Infinitive	*Yo* Present	*Ud.* Command	*Uds.* Command
hablar	hablo (o crossed out)	**hable**	**hablen**
cerrar			
comer			
tener			
abrir			
salir			

Irregular *Usted / Ustedes* commands

Infinitive	*Ud.* Command	*Uds.* Command
dar	**dé**	**den**
estar		
ir		
ser		

b **¡Sean buenos!** Tienes que cuidar a dos niños. Su mamá te dijo lo que deben hacer. ¿Qué les dices a ellos?

MODELO Deben venir directamente a casa. **Vengan directamente a casa.**

1. Deben comer unas frutas.
2. Deben tomar leche.
3. Deben salir a jugar un rato.
4. Deben empezar su tarea a las cuatro.
5. Deben hacer toda su tarea.
6. Deben poner la mesa.
7. Deben lavar los platos.
8. Deben limpiar su cuarto.

c **A la tienda.** Papá manda a los niños a la tienda. ¿Qué les dice?

MODELO escuchar bien **Escuchen bien.**

1. ir a la tienda
2. ser responsables
3. escoger frutas maduras
4. pedir carne fresca
5. pagar en la caja
6. ser simpáticos
7. saludar al cajero
8. dar el dinero al cajero
9. volver a casa directamente
10. ser buenos

ch **Primer día.** Hoy Matilde empieza a trabajar de camarera. ¿Cómo contesta sus preguntas la camarera principal?

MODELO ¿Pongo la mesa? **Sí, póngala.**

1. ¿Llevo un uniforme blanco?
2. ¿Saludo a los clientes?
3. ¿Traigo el menú?
4. ¿Sirvo las bebidas primero?
5. ¿Escribo la orden?
6. ¿La llevo a la cocina?
7. ¿Les sirvo inmediatamente?
8. ¿Traigo el café con el postre?
9. ¿Llevo el dinero a la caja?
10. ¿Guardo las propinas?

d **Pobre Paulina.** Tu tía Paulina necesita consejos. ¿Qué le dices?

MODELO Yo como demasiado chocolate.
¡No coma tanto chocolate!

1. Hablo por teléfono demasiado.
2. Duermo demasiado.
3. Trabajo demasiadas horas.
4. Lloro demasiado.
5. Limpio la casa demasiado.
6. Bebo demasiado café.
7. Leo demasiadas revistas.
8. Veo televisión demasiado.

e **Al contrario.** Tú no estás de acuerdo con los mandatos que tu hermano les da a tus amigos. ¿Qué les dices tú?

MODELO Lean mi cuento
No lo lean.

1. Hagan mi tarea.
2. Preparen mi almuerzo.
3. Traigan los refrescos.
4. Escriban mi composición.
5. Laven mis perros.
6. Coman mi ensalada.
7. Limpien mi cuarto.
8. Saquen la basura.

Additional Textbook Exercises: pp. 141–142

¡DIME! DOS Nombre ______________________ Fecha ______________

Unidad 3, Lección 3

3.6 The imperfect tense

Textbook, p. G48

used to describe ongoing actions in the past — things that were happening, used to happen

Imperfect Tense			
	-ar verbs	-er and -ir verbs	
	bailar	correr	salir
yo	bail**aba**	corría	salía
tú	bailabas	corrías	salías
usted, él, ella	bailaba	corría	salía
nosotros(as)	bailábamos	corríamos	salíamos
vosotros(as)	bail**abais**	corríais	salíais
ustedes, ellos, ellas	bailaban	corrían	salían

a **Antes...** Sarita está escuchando a sus abuelitos hablar sobre el pasado. ¿Qué comentarios hacen?

MODELO Ahora yo no bailo pero antes ...
Ahora yo no bailo pero antes bailaba todos los días.

I ♡ Xellos

1. Ahora tu mamá no estudia ...
   Ahora tu mamá no estudia pero antes estudiaba mucho
2. Ahora tú no descansas mucho ...
   Ahora tú no descansas mucho pero antes descansabas mucho.
3. Ahora nosotros no trabajamos ...
   Ahora nosotros no trabajamos pero antes trabajábamos mucho.
4. Ahora tú no lloras mucho ...
   Ahora tú no lloras mucho pero antes llorabas poquito.
5. Ahora yo no juego fútbol ...
   Ahora yo no juego fútbol pero antes jugaba mucho.
6. Ahora tu papá no toca el piano ...
   Ahora tu papá no toca el piano pero antes tocaba mucho.
7. Ahora nosotros no escuchamos la radio ...
   Ahora nosotros no escuchamos la radio pero antes escuchábamos mucho.
8. Ahora tus padres no bailan ...
   Ahora tus padres no bailan pero antes bailaban mucho.
9. Ahora yo no tomo mucho café ...
   Ahora yo no tomo mucho café pero antes tomaba mucho.
10. Ahora tus tíos y tus tías no cantan mucho ...
    Ahora tus tías y tus tíos no cantan mucho pero antes cantaban mucho.

b **Y no había luz.** ¿Qué estaban haciendo estas personas ayer a las cuatro de la tarde cuando cortaron la electricidad?

MODELO Manuel / leer / correo electrónico **Manuel leía su correo electrónico.**

1. Raquel / instalar / monitor
   Raquel instalaba monitor.
2. tú / aprender / software / nuevo
   Tú aprendías software nuevo.
3. Nela y Timoteo / comunicarse / red
   Nela y Timoteo comunicabanse red.
4. nosotros / usar / módem
   Nosotros usábamos el módem.
5. mis papás / desconectarse / Internet
   Mis papás desconectabanse Internet.
6. yo / comprar / almohadilla
   Yo compraba almohadilla.
7. usted / abrir / computadora / nueva
   Ud. abría la computadora nueva.
8. el bebé / jugar / teclado
   El bebé juegaba teclado.
9. mi abuelo / escribir / computadora
   Mi abuelo escribía con su computadora.
10. mis hermanos / desconectar / cables
   Mis hermanos deconectaban los cables.

c **Una sorpresa.** Hoy, a eso de las tres de la tarde, alguien dejó una docena de rosas muy bonitas en la puerta de la casa de los García. Ahora la señora García quiere saber por qué nadie contestó la puerta. ¿Qué hacían todos?

MODELO Clara: practicar el piano
Clara practicaba el piano.

1. yo: escribir una composición
   Yo escribía una composición.
2. mi papá: trabajar en el garaje
   Mi papá trabajaba en el garaje.
3. mi hermano y yo: estudiar
   Mi hermano y yo estudiábamos.
4. mis hermanas: escuchar música
   Mis hermanas escuchaban música.
5. mi abuelo: leer el periódico en la sala
   Mi abuelo leía el periódico en la sala.
6. mi mamá y mi tía: no estar en casa
   Mi mamá y mi tía no estaban en casa.
7. tú: jugar golf
   Tú juegabas golf.
8. mi abuela: comprar algo especial para mamá
   Mi abuelo compraba algo especial para mamá.
9. mi tío: dormir
   Mi tío dormía.
10. mis primas: hablar por teléfono
   Mis primas hablaban por teléfono.

Additional Textbook Exercises: pp. 156–158

¡DIME! DOS Nombre ______________________ Fecha ____________

3.7 Reflexive verbs

Textbook, p. G49

Reflexive Pronouns

yo	**me** peino	*I comb*
tú	______ peinas	*you comb*
usted	______ peina	*you comb*
él / ella	______ peina	*he / she / it combs*
nosotros(as)	______ peinamos	*we comb*
vosotros(as)	**os** peináis	*you comb*
ustedes	______ peinan	*you comb*
ellos, ellas	______ peinan	*they comb*

a **Buenos días.** ¿Qué pasa por la mañana en la casa de Felipe?

MODELO todo / familia / despertarse / 6:00
Toda la familia se despierta a las seis.

1. primero / mamá / quitarse las piyamas / ponerse / bata
____
2. yo / bañarse / afeitarse / baño
____
3. todos / sentarse a / mesa / para desayunar
____
4. hermano / lavarse / cepillarse / pelo
____
5. hermanas / peinarse / su cuarto
____
6. yo / ponerse / jeans / camiseta
____
7. papá / tener que / lavarse / dientes / porque irse / 8:00
____
8. mis hermanos y yo / despedirse / irse a / colegio / 8:15
____

b **De vacaciones.** ¿Cómo describe Leonor sus últimas vacaciones en una carta a su amiga Tomasita?

1. levantarse
2. salir
3. bañarse
4. arreglarse
5. ponerse
6. quemarse
7. sentarse
8. divertirse
9. caerse
10. despedirse
11. vestirse
12. acostarse

Cuando estábamos de vacaciones en la Florida, (1)__________ a eso de las diez de la mañana todos los días. Un poco después mis hermanos y yo (2)__________ al océano a jugar todas las mañanas. Mientras tanto mis papás (3)__________ y (4)__________ para el día. Antes de salir del hotel, mamá (5)__________ loción protectora para no (6)__________ en el sol. Entonces, los dos (7)__________ en la playa a mirarnos. Yo (8)__________ mucho jugando volibol. Mis hermanitos querían jugar también pero siempre (9)__________ y mamá les decía que no. Después yo (10)__________ de mis amigos y todos volvíamos al hotel para (11)__________. Por la tarde, hacíamos muchas cosas diferentes, y cada noche (12)__________ cansados pero muy contentos.

Additional Textbook Exercises: p. 158

Unidad 4, Lección 1

4.1 The imperfect: *Ser, ver, ir*

Textbook, p. G51

	ser	ver	ir
yo	era	veía	iba
tú	eras	veías	ibas
usted, él, ella	era	veían	iban
nosotros(as)	eramos	veíamos	íbamos
vosotros(as)	erais	veíais	ibais
ustedes, ellos, ellas	eran	veían	iban

a **Los gustos.** Muchas veces los programas que nos gusta ver en la televisión reflejan nuestra personalidad. ¿Cómo eran estas personas de niños y qué tipo de programas veían en la televisión?

MODELO Roque / terrible / películas de terror
Roque era terrible y siempre veía películas de terror.

1. yo / activo / programas de música rock
   Yo era activo en programas de música rock.
2. Felipe / serio / programas documentales
   Felipe era serio y veía programas documentales.
3. Julia y Delfina / alegre / programas musicales
   Julia y Delfina eran alegre y veían programas musicales.
4. tú / dramático / obras de teatro
   Tú eras dramático y veías obras de teatro.
5. mis tías / sentimental / telenovelas
   Mis tías eran sentimentales y veían telenovelas.
6. Elena / triste / películas trágicas
   Elena era triste y veía películas trágicas.
7. ustedes / inteligente / películas históricas
   Uds. eran inteligente y veían películas históricas.
8. Marcos y yo / atlético / programas deportivos
   Marcos y yo éramos atlético y veíamos programas deportivos.

¡DIME! DOS **Nombre** ____________________ **Fecha** ____________

b **Hay que cancelar.** Ayer por la tarde estas personas tenían planes especiales, pero llovió toda la tarde y tuvieron que suspender sus planes. ¿Qué iban a hacer?

MODELO yo
Iba a ir al parque.

nosotras
Íbamos a jugar tenis.

1. Juana
Iba a limpiar el carro.

5. nosotras
Íbamos a alquilar videos.

2. los niños
Iban a el zoológico.

6. tú
Ibas a la rusa.

3. mis amigos y yo
Íbamos a jugar fútbol.

7. yo
Iba al lago.

4. Inés y José
Iban a ride la bicicleta.

8. mi familia
Iba al café aire libre.

Additional Textbook Exercises: pp. 177–179

4.2 Uses of the imperfect: Habitual actions, time, age

Textbook, p. G53

a **Siempre lo mismo.** Andrés Salazar siempre seguía la misma rutina. ¿Qué hacía? Cambia su rutina al pasado.

Todos los días, **(se levanta)** Se levantaba temprano, **(se baña)** se bañaba y **(se viste)** se vestía. Después, **(va)** iba a la cocina y **(prepara)** preparaba el desayuno. Mientras **(toma)** tomaba su café, **(lee)** leía el periódico. A las 7:30 **(sale)** salía para el trabajo. **(Trabaja)** trabajaba toda la mañana y **(almuerza)** almorzaba a mediodía. Después del almuerzo, **(camina)** caminaba y **(conversa)** conversaba con sus amigos. A las cinco **(regresa)** regresaba a casa y **(hace)** hacía ejercicios. Después de cenar, **(ve)** veía televisión o **(alquila)** alquilaba un video. **(Se acuesta)** Se acostaba a las diez y **(se duerme)** se dormía después de leer un poco.

b **¡Otra vez!** El timbre de tu escuela no funcionó bien todo el día. ¿Qué hora era cuando sonó?

MODELO 8:05
Eran las ocho y cinco cuando sonó.

1. 8:30
Eran las ocho y media.

2. 9:45
Eran las diez menos cuarto.

3. 10:07
Eran diez y siete.

4. 11:50
Eran doce menos diez.

5. 12:35
Era la una menos veinticinco.

6. 1:20
Era una y veinte.

7. 1:45
Eran las dos menos cuarto.

8. 2:57
Eran tres menos tres.

c **¡Qué grandes están!** El año pasado, en la reunión de la familia Peralta, Riqui Peralta preguntó las edades de todos. Según él, ¿cuántos años tenían?

MODELO mi tío Alfredo: 35
Mi tío Alfredo tenía treinta y cinco años.

1. mi abuelo: 70
Mi abuelo tenía setenta años.

2. papá: 42
Papá tenía cuarenta y dos años.

3. Pepito y Pepita: 12
Pepito y Pepita tenían doce anos.

4. mi tía Sara: 54
Mi tía Sara tenía cincuenta y cuatro años.

5. mi abuela materna: 63
Mi abuela materna tenía sesenta y tres años

6. mi primo José: 21
Mi primo José tenía veinte y un años

7. yo: 15
Yo tenía quince años.

8. mamá y mi tía Josefa: 37
Mamá y mi tía Josefa tenían treinta y siete años.

ch **De niño.** David acaba de escribirle a su amigo por correspondencia. ¿Qué le dice de su niñez? Completa su carta con el imperfecto de los verbos indicados.

1. ser
2. ser
3. vivir
4. ir
5. tomar
6. jugar
7. encantar
8. llegar
9. regresar
10. tener

Querido Samuel,

Cuando yo (1) era niño, mi vida (2) era muy diferente. Nosotros (3) vivíamos en Maracaibo y mi hermana y yo (4) íbamos a la playa todos los días de vacaciones. Allí (5) tomaba el sol y (6) jugaba en el lago. Nos (7) encantábamos el agua. (8) llegaba muy temprano y no (9) regresaba a casa hasta muy tarde. Cuando (10) tenía diez años, nos mudamos a Caracas y todo cambió.

Additional Textbook Exercises: pp. 177–179

¡DIME! DOS **Nombre** ______________________ **Fecha** ______________

4.3 *Hacer* to express *ago*

Textbook, p. G54

To express the concept of *ago,* Spanish uses the verb **hacer** in the following structure:

__________ + *[time]* + *[preterite or imperfect]*

a **De otra parte.** Todos los vecinos de la Calle Montemayor vinieron de otra ciudad. Según Pablo, ¿cuánto tiempo hace que se mudaron para acá?

MODELO 5 años: los Bermúdez
Hace cinco años vinieron los Bermúdez.

1. 3 años: la familia Alarcón
2. 7 años: los Méndez
3. 2 años: el señor Fuentes
4. 1 año: los Vega
5. 15 años: la señora Estrada
6. 6 años: mis tíos
7. 1 año: nosotros
8. 11 años: las hermanas Robledo

b **Prodigiosa.** Cecilia sólo tiene doce años pero aprendió a hacer muchas cosas a una edad muy temprana. ¿Cuánto tiempo hace que aprendió a hacer estas cosas?

MODELO 2 años / aprender / tocar / guitarra / clásico
Hace dos años aprendía a tocar la guitarra clásica.

1. 5 años / escribir / primer poema / portugués
2. 7 años / empezar / cantar ópera / italiano
3. 8 años / ganar / trofeo / natación
4. 1 año / construir / bicicleta
5. 3 años / aprender / hablar / japonés
6. 4 años / leer / *Don Quijote*
7. 6 años / preparar / primera paella
8. 9 años / comenzar / usar / computadora

Unidad 4, Lección 2

4.4 Uses of the imperfect: Continuing actions

Textbook, p. G55

a **Una visita inesperada.** Según Rebeca, ¿qué hacían ella y su familia el domingo por la tarde cuando de repente llegaron sus abuelos?

MODELO el bebé
El bebé tomaba leche.

1. Claudio

2. Estela y Susana

3. Mamá y yo

4. Papá

5. los gatitos

6. yo

7. mis primos

8. el perro

b **Día de limpieza.** Una vez al año todos los estudiantes de la señora Gutiérrez ayudaban a limpiar la escuela. ¿Qué hacía cada uno?

MODELO Marta: limpiar las ventanas
Pedro: pintar las paredes
Marta limpiaba las ventanas mientras Pedro pintaba las paredes.

1. Paco: barrer el pasillo
Begoña: limpiar los baños

2. Chavela: sacar la basura
yo: vaciar los basureros

3. tú: pasar la aspiradora
el profesor: mover los muebles

4. la profesora: guardar los libros
Laura y Raúl: pasar un trapo a los muebles

5. Jacobo: preparar limonada
Esther: hacer sándwiches

6. Concepción: limpiar los escritorios
Mateo: lavar las pizarras

7. Jerónimo: cortar el césped
ustedes: barrer el patio

8. la secretaria: organizar los gabinetes
el director: supervisar

c **¡Caramba!** Germán dice que nadie pudo terminar lo que hacía porque hubo muchas interrupciones. ¿Qué pasó?

MODELO yo / escribir una carta / cuando el perro / entrar
Yo escribía una carta cuando el perro entró.

1. Mamá / leer el periódico / cuando Luisito / apagar las luces

2. Toño y yo / estudiar para un examen / cuando Olga / llamar

3. Pablo / hacer la tarea / cuando el perro / desenchufar la computadora

4. Jaime y Gloria / jugar tenis / cuando empezar a llover

5. el bebé / dormir / cuando papá / abrir la puerta

6. nosotros / limpiar la casa / cuando nuestros abuelos / llegar

7. Luisito / ver un programa de niños / cuando papá / cambiar el canal

8. mi tía / calificar exámenes / cuando el bebé / comenzar a gritar

Additional Textbook Exercises: pp. 195–196

4.5 Uses of the preterite: Completed actions and beginning or ending actions

a **¡Otro año más!** El sábado pasado fue el cumpleaños de Antonio. ¿Qué hicieron él y sus amigos para celebrarlo?

Textbook, p. G57

MODELO mis amigos y yo
Fuimos al cine.

1. yo

____

____

2. mis amigos y yo

____

____

3. el guitarrista

____

____

4. el camarero

____

5. mis amigos

____

____

6. yo

____

____

7. todos

____

____

8. Susana y yo

____

b **Una visita especial.** El viernes pasado el director de la compañía de papá vino a cenar a nuestra casa. Según Rosa, ¿qué hicieron todos en preparación?

1. Carmelita: contar los cubiertos, poner la mesa, limpiar su cuarto
____
____
2. Papá: comprar las bebidas, lavar el carro, cortar el césped
____
____
3. yo: sacar la basura, pasar la aspiradora, hacer las camas
____
____
4. Rogelio: barrer el patio, dar de comer al perro, limpiar las ventanas
____
____
5. Mamá: preparar la comida, lavar y secar los platos elegantes
____
____
6. los abuelos: pasar un trapo a los muebles, comprar flores, decorar la mesa
____
____

c **¡Ay de mí!** Catalina pasó un día muy malo ayer. ¿Por qué?

1. salir	**3.** montarse	**5.** lastimarse	**7.** seguir	**9.** abrir	**11.** empezar
2. terminar	**4.** chocar	**6.** levantarse	**8.** llegar	**10.** encontrar	**12.** regresar

Catalina (1)______________ corriendo del colegio a la 1:00 porque su clase (2)______________ tarde y tenía mucha hambre. (3)______________ en su bicicleta para ir a su casa. En el camino (4)______________ con otra bicicleta pero, por suerte, no (5)______________. Sin llorar, (6)______________ y (7) ______________ rápidamente a casa. Cuando (8) ______________ Catalina, (9) ______________ la puerta y no (10) ______________ a nadie en la casa. (11) ______________ a llorar. Y todavía lloraba cuando su mamá (12) ______________ a casa. ¡Pobrecita!

Additional Textbook Exercises: pp. 196–197

4.6 Stem-changing *-ir* verbs in the preterite: e → *i* and o → *u*

Textbook, p. G60

yo	**pedí**	________	nosotros(as)
tú	________	**pedisteis**	vosotros(as)
usted, él, ella	________	________	ustedes, ellos, ellas
	morir (o → u)		
yo	**morí**	________	nosotros(as)
tú	________	**moristeis**	vosotros(as)
usted, él, ella	________	________	ustedes, ellos, ellas

a Exploradores. ¿Cuándo murieron estos exploradores?

MODELO Vasco Núñez de Balboa, 1519
Vasco Núñez de Balboa murió en mil quinientos diecinueve.

1. Juan Ponce de León, 1521

____

____

2. Diego de Almagro, 1538

____

____

3. Francisco Pizarro, 1541

____

____

4. Hernando de Soto, 1542

____

____

5. Francisco de Orellana, 1546

____

____

6. Hernán Cortés, 1547

____

____

7. Pedro de Valdivia, 1554

____

____

8. Alvar Núñez Cabeza de Vaca, 1557

____

____

Nombre ______________________ Fecha ____________

b **Lo de siempre.** Ayer fue un día normal en el restaurante donde trabaja Diana. Según esta descripción de su rutina, describe lo que pasó ayer. Cambia los verbos del presente al pretérito.

(Llega) ____________ a las cuatro y **(busca)** ____________ su uniforme. **(Se viste)** ____________ y **(sale)** ____________ a trabajar. **(Saluda)** ____________ a los clientes y ellos la **(siguen)** ____________ a la mesa. Después de darles la carta, Diana les **(sirve)** ____________ agua y **(toma)** ____________ su orden. Para estar segura, **(repite)** ____________ la orden de cada persona. Entonces les **(sirve)** ____________ la comida que **(piden)** ____________. Ella **(se divierte)** ____________ en su trabajo y **(recibe)** ____________ buenas propinas. Al llegar a casa, **(cena)** ____________, **(se acuesta)** ____________ y **(se duerme)** ____________ en seguida, muy cansada pero contenta.

Additional Textbook Exercises: p. 197

Unidad 4, Lección 3

4.7 Uses of the imperfect: Description

Textbook, p. G61

a **¡Qué cansados!** Nadie durmió bien anoche. ¿Por qué?

MODELO Patricia: estar nervioso
Patricia estaba nerviosa.

1. Fernando: no estar cansado
2. Estela y Ramón: tener mucha tarea
3. yo: tener que leer un libro muy interesante
4. mi papá: no tener sueño
5. ustedes: estar preocupado
6. nosotros: no sentirse bien
7. Luisita: tener miedo
8. Amalia: pensar en su novio

b **Reacciones.** Describe el estado emocional o físico que las siguientes personas tenían ayer.

MODELO Sofía y Federico sacaron una F en el examen. (contento / triste)
Estaban tristes.

1. Nosotros corrimos cinco millas. (cansado / furioso)
2. Rosa María y Jaime iban a tomar un examen. (nervioso / aburrido)
3. Leonor vio una serpiente (asustado / contento)
4. Enriqueta y Rodrigo recibieron buenas notas. (preocupado / emocionado)
5. Alejandro no tenía nada que hacer. (asombrado / aburrido)
6. Elena perdió su dinero. (tranquilo / desesperado)
7. Perdimos el partido. (furioso / contento)
8. Pedro pasó todo el día en el parque. (asustado / tranquilo)

C **En el campamento.** Pedro escribió esta descripción. Ahora la quiere cambiar al pasado para usarla en un cuento. ¿Cómo la cambia?

(Estoy) ________________ descansando debajo de un árbol. **(Es)** ________________ un día muy bonito; **(hace)** ________________ mucho sol y un calorcito muy agradable. Algunos compañeros **(están)** ________________ ocupados. Unos **(preparan)** ________________ la comida mientras que otros **(ponen)** ________________ la mesa o **(duermen)** ________________ la siesta. Nadie **(habla)** ________________ y el silencio **(es)** ________________ tranquilizador. Todos **(estamos)** ________________ muy contentos.

CH **La familia Vargas.** Vas a escribir un cuento sobre la familia Vargas. Escribe el primer párrafo usando las expresiones que siguen.

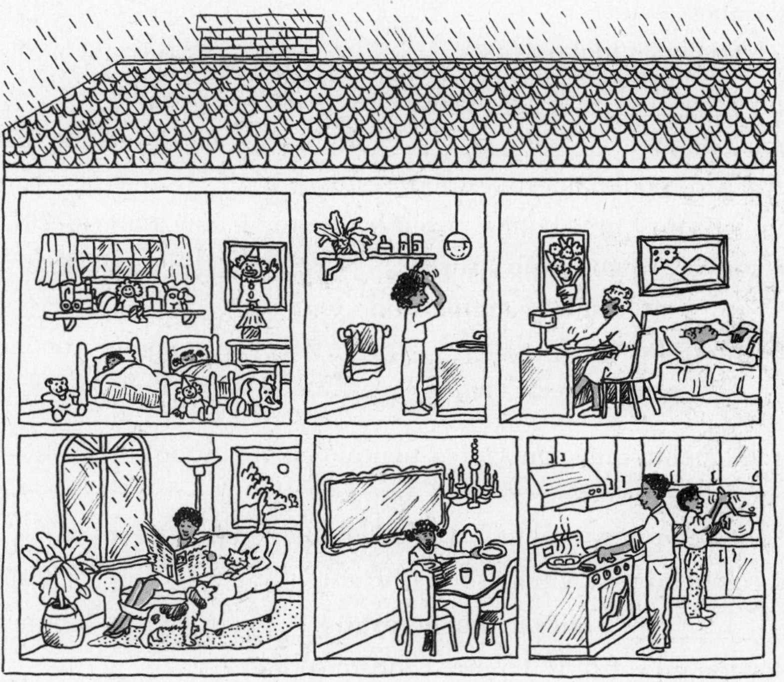

MODELO afuera: hacer mal tiempo, llover
Afuera hacía mal tiempo. Llovía mucho.

1. en la sala: leer el periódico, jugar
____
2. en una alcoba: dormir
____
3. en el cuarto de baño: peinarse
____
4. en la cocina: preparar la cena, hacer limonada
____
5. en el comedor: poner la mesa
____
6. en otra alcoba: escribir cartas, descansar
____

Additional Textbook Exercises: pp. 210–211

4.8 Narrating in the past: Imperfect and preterite

Textbook, p. G64

*The **imperfect** is used to describe past actions that are ...*
1. viewed as continuous or in progress.
2. habitual.

*The **preterite** is used to describe past actions that are ...*
1. viewed as completed.
2. focused on the beginning or end of the actions.

a **¡Una sorpresa!** David está describiendo una experiencia especial. ¿Qué dice?

Cuando **(era / fui)** ________________ niño, cada año en el mes de agosto **(iba / fui)** ________________ a visitar a mi abuelo. Él **(era / fue)** ________________ viudo y **(vivía / vivió)** ________________ solo en un rancho lejos de mi casa. Yo siempre **(tenía / tuve)** ________________ que pasar seis horas en el autobús para llegar a su casa. Me **(gustaba / gustó)** ________________ estar con él porque **(sabía / supo)** ________________ mucho y me **(enseñaba / enseñó)** ________________ muchas cosas del rancho. Yo siempre le **(ayudaba / ayudé)** ________________ con los quehaceres. **(Limpiaba / Limpié)** ________________ los corrales y les **(daba / di)** ________________ de comer a los animales.

Un agosto, cuano **(tenía / tuve)** ________________ ocho años, **(pasaba / pasó)** ________________ algo muy especial. Cuando **(llegaba / llegué)** ________________ al rancho, mi abuelo me **(llevaba / llevó)** ________________ al corral. Un caballo nuevo **(estaba / estuvo)** ________________ allí. **(Era / Fue)** ________________ pequeño y negro y muy bonito. ¡Y qué sorpresa! Mi abuelo me **(decía / dijo)** ________________:"Este caballo es tuyo". Yo no **(sabía / supe)** ________________ qué decir. Mi abuelo me **(ayudaba / ayudó)** ________________ a subir y **(empezaba / empezó)** ________________ a enseñarme a montar a caballo. **(Pasaba / Pasé)** ________________ todo el mes con mi caballo. **(Me divertía / Me divertí)** ________________ mucho ese verano.

b **Caperucita Roja.** Éste es un cuento muy conocido. Cuéntalo en el pasado.

(Hay) ________________ una niña muy bonita y simpática que siempre **(lleva)** ________________ puesta una caperuza roja, y por eso se **(llama)** ________________ Caperucita Roja. Un día **(descubre)** ________________ que su abuela **(está)** ________________ enferma y **(decide)** ________________ llevarle unas frutas. En una canasta **(pone)** ________________ manzanas, naranjas y bananas y **(sale)** ________________ para la casa de su abuela. **(Lleva)** ________________ puesta su caperucita roja, por supuesto. En el camino un lobo (un animal muy feroz) **(se acerca)** ________________ a la niña y le **(pregunta)** ________________:

–¿Adónde vas, preciosa?

La niña **(responde)** ________________:

–A casa de mi abuela. Le llevo estas frutas porque está enferma. –y ella se **(va** ________________.

Cuando Caperucita **(llega)** ________________, **(encuentra)** ________________ a su abuela muy diferente. **(Tiene)** ________________ los ojos, la nariz y la boca muy grandes. En muy poco tiempo **(sabe)** ________________ que no **(es)** ________________ su abuela.

–**(Es)** ________________ el lobo. **(Grita)** ________________ y **(grita)** ________________.

En pocos minutos **(viene)** ________________ un cazador y **(salva)** ________________ a la niña. Después **(encuentran)** ________________ a la abuela en el armario. Ella **(está)** ________________ asustada pero bien.

Additional Textbook Exercises: pp. 212–213

¡DIME! DOS

Nombre ______ Fecha ______

Unidad 5, Lección 1

5.1 Present subjunctive: Forms and *ojalá*

Textbook, p. G66

Present Subjunctive			
	-ar	*-er*	*-ir*
	nadar	**aprender**	**salir**
yo	nade	aprenda	salga
tú	______	______	______
usted, él, ella	______	______	______
nosotros(as)	______	______	______
vosotros(as)	nad**é**is	aprend**á**is	salg**á**is
ustedes, ellos, ellas	______	______	______

Theme Vowels		
Verbs	Present Indicative	Present Subjunctive
-ar	-a	-e
-er, -ir	-e	-a

Yo Present Indicative	Present Subjunctive
trabajo	**trabaj**e, ______
tengo	**teng**a, ______
digo	**dig**o, ______

a **Galletas.** ¿Qué dicen tus amigos cuando ven sus fortunas en las galletas chinas al terminar de comer en un restaurante chino?

MODELO Vas a vivir muchos años. **Ojalá que viva muchos años.**

1. Vas a hablar muchas lenguas.
______
2. Vas a viajar por el mundo entero.
______
3. Vas a conocer a muchas personas famosas.
______
4. Vas a cenar en París pronto.
______
5. Vas a ganar un millón de dólares.
______
6. Vas a tener buena suerte en el amor.
______

b **De vacaciones.** ¿Qué deseos tienen tú y tus amigos para las vacaciones de invierno?

MODELO descansar mucho
Ojalá que descansemos mucho.

1. recibir muchas cartas
______
2. esquiar
______
3. trabajar poco
______
4. visitar a muchos parientes
______
5. salir todos los días
______
6. bailar mucho
______
7. comer bien
______
8. viajar a otro país
______

C **El porvenir.** ¿Esperas tener estas cosas en el futuro?

MODELO ¿Un coche grande? **Ojalá que sí.** o **Ojalá que no.**

1. ¿Poco dinero?

____

2. ¿Cinco perros y cinco gatos?

____

3. ¿Una profesión importante?

____

4. ¿Un(a) esposo(a) famoso(a)?

____

5. ¿Una casa en el campo?

____

6. ¿Muchos hijos?

____

Additional Textbook Exercises: pp. 231

5.2 Present subjunctive: Irregular verbs

Textbook, p. G68

Present Subjunctive: Irregular Verbs

	dar	estar	ir	saber	ser	ver
yo	**dé**	**esté**	**vaya**	**sepa**	**sea**	**vea**
tú	____	____	____	____	____	____
usted, él, ella	____	____	____	____	____	____
nosotros(as)	____	____	____	____	____	____
vosotros(as)	**deis**	**estéis**	**vayáis**	**sepáis**	**seáis**	**veáis**
ustedes, ellos, ellas	____	____	____	____	____	____

a **Nuevos alumnos.** Pepito y Pepita empezaron la escuela hoy y su mamá está preocupada. ¿Qué dice ella?

MODELO estar bien **Ojalá que estén bien.**

1. saber su dirección y teléfono

____

2. dar la información correcta a la maestra

____

3. ir directamente al patio para el recreo

____

4. haber buena comida en la cafetería

____

5. saber dónde esperarme después de las clases

____

6. no haber problemas con los otros niños

____

7. ser buenos

____

8. estar contentos

____

b **¡Una fiesta!** Ramona está muy emocionada porque va a una fiesta esta noche ¿Qué está pensando?

MODELO haber buena comida
¡Ojalá que haya buena comida!

1. todos mis amigos estar allí
2. mi vestido ser bastante elegante
3. todos saber la dirección
4. Pablo ir a la fiesta
5. yo dar una buena impresión
6. haber otras fiestas grandes este año
7. la música ser buena
8. dar regalos a los invitados

5.3 The present subjunctive: Impersonal expressions

Textbook, p. G69

Additional Textbook Exercises: pp. 231

a **La buena salud.** Manuel está estudiando la salud en la escuela y todos los días le dice a su mamá lo que deben hacer para tener buena salud. ¿Qué le dice a su mamá?

Impersonal expressions

_______ + *adjective* = impersonal expression

MODELO hacer ejercicio (importante) **Es importante que hagamos ejercicio.**

1. ver televisión todo el día (malo)
2. correr (recomendable)
3. practicar deportes (bueno)
4. ir al médico una vez al año (importante)
5. descansar bastante (necesario)
6. cambiar de rutina de vez en cuando (preferible)
7. comer frutas y vegetales (importante)
8. beber muchos líquidos (bueno)
9. caminar mucho (necesario)
10. salir más (recomendable)
11. no fumar (importante)
12. ser activo (mejor)

b **Invitados.** La familia Ramírez tiene invitados esta noche. Según la mamá, ¿qué deben hacer todos para ayudarle con las preparaciones?

yo

MODELO **Es necesario que yo haga las camas.**

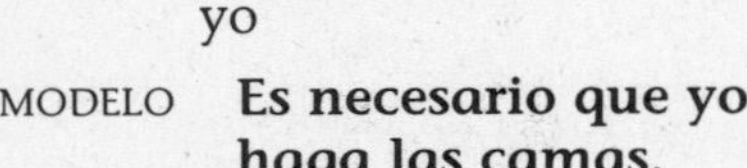

1. Gloria

____

2. Diego

____

3. papá

____

4. Diego y yo

____

5. abuelita

____

6. los niños

____

7. papá

____

8. tú

____

c **El partido.** Hoy hay un partido de fútbol. ¿Qué opina Rosa María del partido?

MODELO necesario / todos / jugadores / llegar temprano
Es necesario que todos los jugadores lleguen temprano.

1. importante / aficionados / gritar mucho

____

2. dudoso / otro equipo / ser / muy bueno

____

3. terrible / Lilia Gómez / estar / enfermo

____

4. probable / Tania / meter / mucho / goles

____

5. increíble / haber / tanto / aficionados / aquí

____

6. bueno / jugadores / escuchar / instrucciones del entrenador

____

7. fantástico / banda / tocar / hoy

____

8. probable / nosotros / ganar / partido

____

Nombre_______________ Fecha _______________

ch **Una fiesta.** Estás invitado(a) a una fiesta este fin de semana. ¿Cómo contestas estas preguntas de tu hermanito(a)?

EJEMPLO ¿Van a traer pizza?
Es probable que traigan pizza.

VOCABULARIO ÚTIL:

dudoso	horrible	ridículo	imposible
fantástico	importante	posible	probable

1. ¿Van a tocar música clásica?
2. ¿Va a haber mucha comida?
3. ¿Van a bailar el tango?
4. ¿Vas a saludar a todo el mundo?
5. ¿Va a haber alguien que toque la guitarra?
6. ¿Van a beber leche?
7. ¿Vas a traer los refrescos?
8. ¿Van a ir todos tus amigos?

d **¡Qué bueno!** Hay una nueva escuela en tu ciudad. ¿Cómo reaccionas a estos comentarios sobre la escuela?

EJEMPLO Sólo hay diez estudiantes por clase.
Es bueno que sólo haya diez estudiantes por clase.
Es dudoso que sólo haya diez estudiantes por clase.

1. Los estudiantes van a casa para almorzar.
2. Los profesores son inteligentísimos.
3. No hay biblioteca.
4. La directora sabe hablar cinco lenguas.
5. Los consejeros conocen bien a todos los estudiantes.
6. Todos tienen que estar en clase a las siete de la mañana.
7. Las clases terminan a las dos de la tarde.
8. El gimnasio es enorme.
9. Los estudiantes siempre hacen excursiones los viernes.
10. Los equipos de fútbol y baloncesto nunca practican.

Additional Textbook Exercises: pp. 232–233

Unidad 5, Lección 2

5.4 Expressions of persuasion

Textbook, p. G73

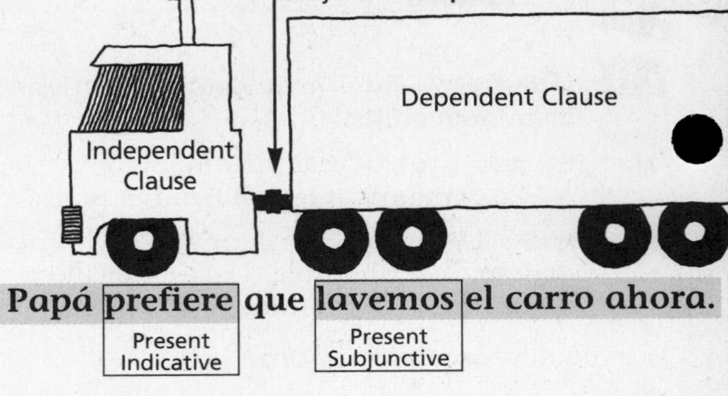

a **Mucho trabajo.** Raúl tiene que ayudar mucho en casa. ¿En qué insisten sus padres?

MODELO lavar los platos
Insisten en que lave los platos.

1. hacer la cama
2. pasar el trapo a los muebles
3. pasar la aspiradora
4. sacar la basura
5. poner la mesa
6. cortar el césped
7. barrer el patio
8. planchar su ropa

b **Están aburridos.** Cuando estas personas están aburridas, ¿qué sugieres tú que hagan?

MODELO **Sugiero que corran.**

1. 

2. 

3. 

4. 

5. 

6. 

7. 

8. 

 Nombre ______________________ Fecha ____________

C **Banquete internacional.** El club de español va a tener un programa internacional. ¿Qué quiere la profesora que hagan todos?

MODELO recomendar / Pancho / limpiar / sala
Recomienda que Pancho limpie la sala.

1. querer / tú / escribir / invitación
2. sugerir / Rosa y yo / comprar / refrescos
3. insistir en / todos / llevar / ropa / típico
4. pedir / Carlota y Eugenio / cantar / canciones
5. preferir / yo / recibir / invitados
6. querer / ustedes / poner / mesas
7. recomendar / Hugo / preparar / comida
8. preferir / Soledad y Benito / traer / música
9. aconsejar / nosotros / practicar / bailes
10. querer / todos / llegar temprano
11. pedir / yo / ayudar / con los refrescos
12. sugerir / todos / participar / programa

Additional Textbook Exercises: pp. 247–249

5.5. Present subjunctive: *-ar* and *-er* stem-changing verbs

Textbook, p. G75

a **Cambios.** El instructor de la clase de aeróbicos tiene unas sugerencias para toda la clase. ¿Cuáles son?

MODELO recomendar: despertarse temprano
Recomienda que se despierten temprano.

Present Subjunctive: Stem-changing verbs

	pensar	poder
	e → ie	o → ue
yo	**piense**	**pueda**
tú	________	________
usted, él, ella	________	________
nosotros(as)	________	________
vosotros(as)	**penséis**	**podáis**
ustedes, ellos, ellas	________	________

1. aconsejar: empezar el día con ejercicios
2. recomendar: no sentarse por mucho tiempo seguido
3. insistir en: pensar en la salud cada día
4. recomendar: almorzar bien
5. querer: probar nuevos vegetales
6. sugerir: jugar tenis o volibol
7. preferir: acostarse temprano
8. aconsejar: recordar sus consejos

b **¡Buena salud!** Los padres de Susana y Miguel son fanáticos para la buena salud. ¿Qué dice Miguel de sus padres?

MODELO sugerir / toda la familia / perder peso **Sugieren que toda la familia pierda peso.**

1. insistir en / hijos / despertarse / más temprano

   ____

2. aconsejar / Susana y yo / comenzar / clase de karate

   ____

3. recomendar / abuelos / acostarse / más temprano

   ____

4. preferir / yo / sentarse al escritorio / para estudiar

   ____

5. querer / bebé / jugar con / otro / juguetes

   ____

6. insistir en / niños / pensar más en / lecciones

   ____

7. aconsejar / todos nosotros / empezar a / caminar juntos

   ____

8. recomendar / Susana / almorzar / comida / nutritivo

   ____

c **¡Anímate!** El profesor Martínez está calificando los exámenes finales. ¿Cómo contestaron estos estudiantes la pregunta sobre una chica que se siente muy triste y aburrida?

EJEMPLO comenzar el día con un buen desayuno
Aconsejo que comience el día con un buen desayuno. o
Es importante que comience el día con un buen desayuno.

VOCABULARIO ÚTIL:
aconsejar ser importante ser necesario recomendar ser mejor sugerir

1. sentarse a planear unos cambios en tu rutina

   ____

2. perder un poco de peso

   ____

3. probar unos deportes nuevos

   ____

4. encontrar una buena clase de aeróbicos

   ____

5. empezar unos nuevos proyectos

   ____

6. jugar tenis conmigo todos los días

   ____

7. almorzar con tus amigos los sábados

   ____

8. pensar más en cosas positivas

   ____

Additional Textbook Exercises: p. 250

5.6. Present subjunctive: Stem-changing *-ir* verbs

Textbook, p. G77

Present Subjunctive: Stem-changing *-ir* verbs

	pedir	seguir
	e → i	e → i
yo	pida	siga
tú	______	______
usted, él, ella	______	______
nosotros(as)	______	______
vosotros(as)	pidáis	sigáis
ustedes, ellos, ellas	______	______

Present Subjunctive: Stem-changing *-ir* verbs

	divertir	dormir
	e → ie, i	o → ue, u
yo	divierta	duerma
tú	______	______
usted, él, ella	______	______
nosotros(as)	______	______
vosotros(as)	divirtáis	durmáis
ustedes, ellos, ellas	______	______

a **Un banquete.** Estás hablando de un banquete este fin de semana. ¿Qué dices?

VOCABULARIO ÚTIL: es importante, recomiendo, es dudoso, ojalá

EJEMPLO nosotros: conseguir una buena mesa
Ojalá que nosotros consigamos una buena mesa.

1. nosotros: pedir una mesa cerca de la mesa principal
____
____
2. ellos: no repetir el programa del año pasado
____
____
3. ellos: servir comida rica
____
4. todos: vestir elegantemente
____
____
5. la directora: seguir las recomendaciones de los estudiantes
____
____
6. ellos: conseguir unos buenos músicos
____
____
7. mis amigos: pedir sus canciones favoritas
____
____
8. los profesores: servir los refrescos
____

b **Una cita.** Julio quiere invitar a Susana a salir a comer a un nuevo restaurante. ¿Qué consejos le da su mamá?

Julio: ¿Qué sabes del restaurante Rincón Delicioso? Pienso invitar a Susana.

Mamá: Es muy buena idea que (ir, ustedes) ____________ allí. Es un restaurante fabuloso.

Julio: ¿Es necesario que (vestirse, nosotros) ____________ formalmente?

Mamá: Es recomendable que (ponerse, tú) ____________ saco y corbata porque el restaurante es elegante. Sugiero que (conseguir) ____________ una mesa cerca de la ventana. Hay una vista preciosa.

Julio: ¿Qué recomiendas que (pedir, nosotros)____________ ?

Mamá: Sugiero que (comenzar) ____________ con el gazpacho y que (seguir) ____________ con la paella. También recomiendo que (probar) ____________ sus albondiguitas.

Julio: ¡Mamá, no podemos comer tanto! Además, es probable que todo (costar) ____________ mucho dinero.

Mamá: Es probable que no (costar) ____________ demasiado. La comida allí es muy buena pero económica.

c **Mucho sueño.** Las siguientes personas dicen que tienen mucho sueño. ¿Qué les aconseja su médico?

MODELO José: 1 **Sugiere que José duerma una hora más.**

1. yo: 2 ____________________
2. Isabel: 3 ____________________
3. los señores Solís: 1 ____________________
4. tú y yo: 2 ____________________
5. el bebé: 5 ____________________
6. ustedes: 1 ____________________
7. nosotros: 3 ____________________
8. tú: 2 ____________________

ch **Agente de viajes.** Alicia, una agente de viajes, siempre tiene el mismo deseo para todos sus clientes. ¿Qué deseos tiene para estos clientes?

MODELO Margarita / México
Ojalá que Margarita se divierta en México.

1 la familia López / Colombia ____________________
2. yo / España ____________________
3. los Ruiz / Guatemala ____________________
4. mis padres y yo / Europa ____________________ ____________________
5. Samuel / Argentina ____________________
6. ustedes / China ____________________
7. nosotros / Francia ____________________
8. tú / Israel ____________________ ____________________

d **Una carta.** Juan Pedro se siente triste y deprimido. ¿Qué consejos le da su prima Eva? Para contestar, completa esta carta con la forma correcta de los verbos entre paréntesis.

Querido primo,

Es triste que (sentirse, tú) ______________ tan deprimido. Ojalá que mis consejos te (ayudar) ______________.

Primero, sugiero que (dormir, tú) ______________ bastante. Es importante que (dormir, nosotros) ______________ ocho horas cada noche. También recomiendo que (seguir, tú) ______________ una dieta balanceada. Aun al comer en un restaurante es mejor que (pedir, nosotros) ______________ comidas nutritivas. Si comes así, es probable que (perder) ______________ peso y que (tener) ______________ más energía.

Respecto a tus actividades, te aconsejo que no (repetir) ______________ lo mismo todos los días. Es posible que no (divertirse, tú) ______________ porque no sales bastante. Esto tiene que cambiar. Ojalá que tú y tus amigos (encontrar) ______________ algunas actividades nuevas y que (divertirse) ______________ mucho.

Un abrazo, Eva

Additional Textbook Exercises: p. 250

Nombre ______________________ Fecha ____________

Unidad 5, Lección 3

5.7. The present subjunctive: Expressions of anticipation or reaction

Textbook, p. G80

a **Reacciones.** ¿Qué anticipas o cómo reaccionas en estas situaciones?

MODELO No podemos jugar fútbol hoy. **Siento que no podamos jugar fútbol hoy.**

VOCABULARIO ÚTIL: sentir esperar temer

1. Hace mal tiempo hoy.
2. No hay examen en la clase de español mañana.
3. Sirven pizza en la cafetería.
4. Tenemos que trabajar después de las clases.
5. Vemos una película en la clase de historia hoy.
6. El director visita la clase de inglés.
7. Hacemos experimentos en la clase de química.
8. Alicia va al médico durante la clase de educación física.

b **¡Qué negativo!** Paco es una persona muy negativa. Nunca está contento. ¿Qué dice bajo estas situaciones?

MODELO tener que comer vegetales (no gustarle) **No me gusta tener que comer vegetales.**

1. sacar malas notas (tener miedo de)
2. no saber bailar (sentir)
3. jugar mal (no gustarle)
4. leer tantas páginas (molestarle)
5. perder el partido (temer)
6. sentirse mejor (esperar)

c **Una carta.** Tú eres el (la) consejero(a) del periódico de tu escuela y recibiste esta carta. Completa la carta con la forma apropiada de los verbos entre paréntesis.

Querido(a) consejero(a):

Espero que usted (poder) ______ ayudarme con este problema. Me molesta que los profesores siempre (dar) ______ exámenes los lunes cuando estoy cansada. Es terrible que mis amigos y yo (tener) ______ que pasar los fines de semana estudiando y siento que no (poder) ______ divertirnos. ¡No nos gusta (tener) ______ que estudiar tanto! Mis padres insisten en que yo (estudiar) ______ día y noche porque tienen miedo que yo (sacar) ______ malas notas. Pero no les gusta que yo no (divertirse) ______ tampoco. No es justo que los profesores nos (tratar) ______ así. Pido que usted me (sugerir) ______ una solución. Espero (recibir) ______ su respuesta pronto.

Loca los lunes

Additional Textbook Exercises: pp. 264–266

Unidad 6, Lección 1

6.1 Expressions of doubt

Textbook, p. G82

a **Lo dudo.** Irene está muy negativa hoy y no acepta nada de lo que oye del campamento Aguirre Springs en Nuevo México. ¿Qué dice cuando alguien hace estos comentarios del campamento?

MODELO Hace calor allí.
Dudo que haga calor allí.

1. Unos animales salvajes viven cerca.
2. No hay que llevar agua para beber.
3. Los sanitarios están cerca.
4. Es interesante visitar «La cueva».
5. Algunas personas suben las montañas.
6. Los arqueólogos hacen excavaciones allí.
7. Las montañas tiene poca vegetación.
8. Llueve mucho en el verano.

b **No puedo.** Gabi siempre tiene excusas para no salir los sábados. ¿Cuáles son algunas excusas que usó Gabi recientemente?

MODELO salir con mi familia
Es probable que salga con mi familia.

1. visitar a mis primos
2. tener que limpiar la casa
3. trabajar
4. tener que practicar el piano
5. alquilar un video
6. hacer la tarea
7. escribir cartas
8. organizar mi cuarto

c **En preparación.** Julia va a pasar la noche en un campamento por primera vez y tiene muchas preguntas para sus amigos. ¿Qué pregunta?

MODELO necesitar abrigos
¿Crees que necesitemos abrigos? o **¿Crees que necesitamos abrigos?**

1. llover mucho
2. dormir bien en los sacos de dormir
3. hacer frío por la noche
4. haber mesas donde comer
5. ver animales salvajes
6. tener que caminar mucho

Nombre ________________________ Fecha ____________

ch **Opiniones.** Unos estudiantes están expresando sus opiniones sobre asuntos escolares. ¿Qué crees tú de estos asuntos?

MODELO exámenes / ser / necesario
Creo que los exámenes son necesarios. o
No creo que los exámenes sean necesarios.

1. notas / ser / importantes
2. comida de la cafetería / costar / mucho
3. profesores / saber / mucho
4. estudiantes / trabajar / bastante
5. nuestro equipo de fútbol / jugar / bien
6. estudiantes / recibir / notas / justo

d **Al acampar.** Paco y Trini son muy buenos amigos pero con frecuencia tienen opiniones opuestas porque Paco es muy escéptico mientras Trini cree todo lo que oye. ¿Qué dicen los dos muchachos cuando oyen estos comentarios?

MODELO Hay pumas en la cueva.
Paco: **Es dudoso que haya pumas en la cueva.**
Trini: **Es evidente que hay pumas en la cueva.**

1. Podemos beber el agua del río.

Paco: ____________________

Trini: ____________________

2. Un animal grande vive en la cueva.

Paco: ____________________

Trini: ____________________

3. Hay plantas peligrosas alrededor de la cueva.

Paco: ____________________

Trini: ____________________

4. Es posible subir las montañas.

Paco: ____________________

Trini: ____________________

5. Tenemos bastante comida.

Paco: ____________________

Trini: ____________________

6. Los vampiros salen de noche por aquí.

Paco: ____________________

Trini: ____________________

Additional Textbook Exercises: pp. 286–287

6.2 Double object pronouns: 1st and 2nd persons

Textbook, p. G84

a **¿Me ayudas?** Estás ayudando a mamá a preparar la cena. ¿Qué te dice?

MODELO la sal
Necesito la sal. ¿Me la traes?

1. la leche
______
2. el ajo
______
3. el pescado
______
4. las verduras
______
5. el aceite de oliva
______
6. los huevos
______
7. la cebolla
______
8. dos manzanas
______
9. el queso
______
10. las papas
______

b **Gracias.** Tu abuelito siempre les ofrece ayuda a ti y a tus hermanos. ¿Qué le dicen?

MODELO ¿Les sirvo la limonada?
Sí, sírvenosla. o **No, no nos la sirvas.**

1. ¿Les limpio los cuartos?
______
2. ¿Les explico la tarea?
______
3. ¿Les busco los libros?
______
4. ¿Les doy sus bolígrafos?
______
5. ¿Les compro esas frutas?
______
6. ¿Les preparo los sándwiches?
______
7. ¿Les leo este artículo?
______
8. ¿Les cuento mi historia favorita?
______

Nombre ______________________ Fecha ____________

C **Se me olvidó.** Prometiste comprar varios materiales escolares para tu hermano(a) pero olvidaste la lista en casa. ¿Qué pasa cuando regresas a casa?

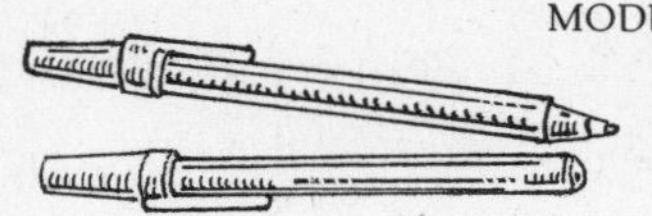
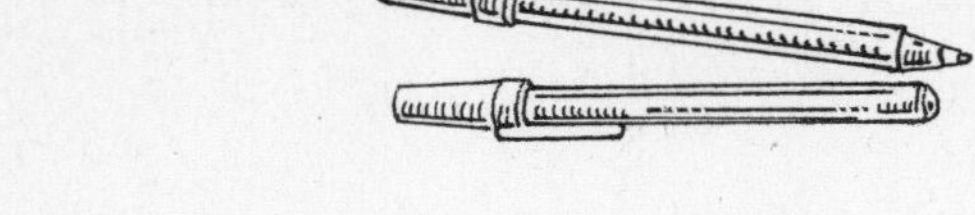

MODELO *Hermano(a):* **¿Me compraste los bolígrafos?**
Tú: **¡Ay, caramba! Te los voy a comprar el sábado.** o
¡Ay, caramba! Voy a comprártelos el sábado.

1.

Hermano(a): ______________________
Tú: ______________________
____

2.

Hermano(a): ______________________
Tú: ______________________
____

3.

Hermano(a): ______________________
Tú: ______________________
____

4.

Hermano(a): ______________________
Tú: ______________________
____

5.

Hermano(a): ______________________
Tú: ______________________
____

6.

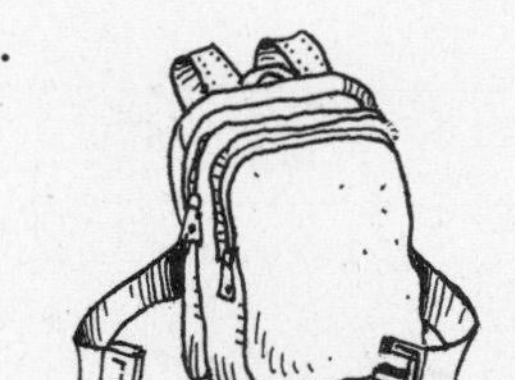

Hermano(a): ______________________
Tú: ______________________
____

7.

Hermano(a): ______________________
Tú: ______________________
____

8.

Hermano(a): ______________________
Tú: ______________________
____

ch **¿Cómo les va?** ¿Qué le dices a Marta cuando ella ofrece ayudarte con las preparaciones para una comida mexicana?

MODELO la salsa (Felipe)
¿La salsa? Felipe está preparándomela. o **¿La salsa? Felipe me la está preparando.**

1. los entremeses (Antonia)

____

____

2. el postre (Carla y Rodrigo)

____

____

3. la limonada (papá)

____

____

4. los frijoles (mi abuelita)

____

____

5. la ensalada (Joaquín)

____

____

6. los nachos (mi hermano)

____

____

7. las tortillas (mi tía)

____

____

8. la carne (Francisco y Javier)

____

____

Additional Textbook Exercises: pp. 287–288

¡DIME! DOS **Nombre** ______________________ **Fecha** ____________

Unidad 6, Lección 2

6.3 The present perfect tense

Textbook, p. G86

Present Indicative			
		haber	
yo	***he***	________	*nosotros(as)*
tú	________	***habéis***	*vosotros(as)*
usted, él, ella	________	________	*ustedes, ellos, ellas*

Past Participles		
-ar verbs	***-er*** verbs	***-ir*** verbs
habl***ado***	com***ido***	sal***ido***
cont________	aprend________	ped________
pens________	le________	divert________

a **¿Qué pasa?** Son las doce de la tarde el sábado y todos los miembros de la familia de Beatriz están cansadísimos. Según Beatriz, ¿qué han hecho para estar tan cansados?

MODELO papá: sacar la basura **Papá ha sacado la basura.**

1 José: cortar el césped

____

____

2. yo: limpiar mi cuarto

____

____

3. mi abuela: lavar la ropa

____

____

4. mis hermanas: guardar la ropa

____

____

5. mamá y yo: preparar el desayuno

____

____

6. tú: limpiar el baño

____

____

7. papá y José: lavar el coche

____

____

8. mamá: pasar la aspiradora

____

____

b **¡Sospechosos!** El detective Blanco está observando a una pareja sospechosa en un restaurante. ¿Qué dice al hablar con su sargento por la radio?

MODELO sospechosos / pedir / mesa / privado
Los sospechosos han pedido una mesa privada.

1. yo / escoger / mesa / muy cerca de ellos

2. sospechosos / leer / carta muy interesante

3. camarera / servir / entremeses muy caros

4. pareja / recibir / llamada telefónica muy sospechosa

5. mujer / pedir / sopa.

6. sospechoso / comer / mucho toda la noche

7. los dos / recibir / paquete / misterioso

8. pareja / salir / restaurante / rápidamente

Nombre ______________________ Fecha ______________

C **Titulares.** Según estos titulares *(headlines)*, ¿qué ha pasado esta semana?

MODELO Corporación PASO abre nueva tienda **La Corporación PASO ha abierto una nueva tienda.**

1. Gobernador dice que sí
____
2. Cien personas ven OVNI (Objeto Volante No Identificado)
____
3. Cinco personas mueren en accidente
____
4. Científico propone nueva teoría
____
5. Jugador favorito rompe brazo
____
6. Autora local escribe nueva novela
____
7. Químicos tóxicos ponen a niños en peligro
____
8. La temperatura sube a 104 grados hoy
____
9. Astronautas vuelven a la tierra
____
10. Presidente resuelve problemas con Congreso
____

ch **Ya, ya.** Tu mamá quiere saber si hiciste lo que te pidió. Tú no lo has hecho. ¿Qué le dices cuando te pregunta si ya hiciste lo que te pidió?

MODELO ¿Ya lavaste los platos? **Todavía no los he lavado, pero los lavo en seguida.**

1. ¿Ya pusiste la mesa?
____
2. ¿Ya pasaste la aspiradora?
____
3. ¿Ya barriste el patio?
____
4. ¿Ya hiciste las camas?
____
5. ¿Ya pasaste un trapo a los muebles?
____
6. ¿Ya sacaste la basura?
____
7. ¿Ya limpiaste los baños?
____
8. ¿Ya lavaste el perro?
____

Additional Textbook Exercises: pp. 305–306

6.4 Double object pronouns: 3rd person

Textbook, p. G89

Clarification of 3rd person

The indirect object pronoun *se* can be clarified by using:

______ + *[a name or pronoun]*

a **Sí, papá.** Cuando la familia Valenzuela va a acampar, el padre siempre insiste en decirles a todos lo que deben hacer. ¿Qué le dice a su hijo y qué le contesta el hijo?

MODELO mochila
Padre: **Hijo, dale la mochila a tu mamá.**
Hijo: **Sí, papá, se la doy.**

1. linterna

Padre: ______________________________

Hijo: ______________________________

2. estufa

Padre: ______________________________

Hijo: ______________________________

3. sudaderas

Padre: ______________________________

Hijo: ______________________________

4. saco de dormir

Padre: ______________________________

Hijo: ______________________________

5. carpa

Padre: ______________________________

Hijo: ______________________________

6. hielera

Padre: ______________________________

Hijo: ______________________________

7. abrigos

Padre: ______________________________

Hijo: ______________________________

8. botas

Padre: ______________________________

Hijo: ______________________________

b **¡Navidad!** Paquita acaba de regresar con muchísimos paquetes del centro comercial. ¿Para quién dice que son todos los regalos?

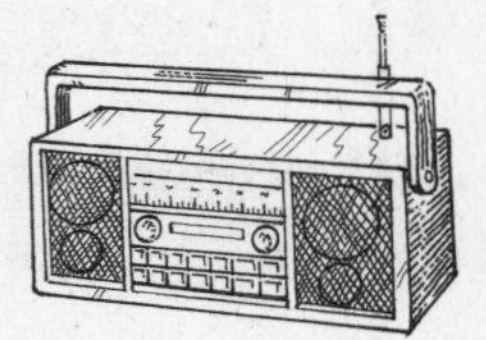

MODELO **¿El radio? Voy a regalárselo a José.** o **¿El radio? Se lo voy a regalar a José.**

1. tía Elena

2. abuelita

3. Mario

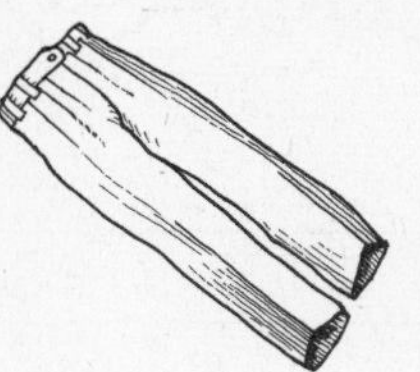

4. papá

5. abuelito

6. Berta

7. mamá

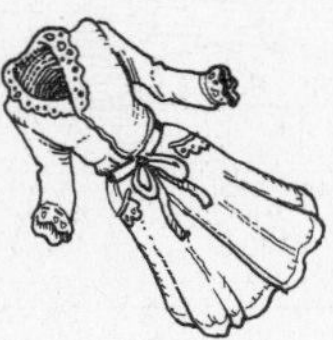

8. mamá

c **El secreto.** Elisa tiene un secreto pero todo el mundo lo sabe ya. ¿Cómo lo saben?

MODELO yo: a Julio **Yo se lo dije a Julio.**

1. Julio: a María
2. María: al profesor
3. el profesor: a nosotros
4. nosotros: a Jorge y Sara
5. Jorge y Sara: a ti
6. tú: a Román
7. Román: a Carmen
8. Carmen: a mí

Additional Textbook Exercises: p. 307

Unidad 6, Lección 3

6.5 Preterite and imperfect: Another look

Textbook, p. G92

Uses of the Preterite	
•Completed actions: single action or series of actions	
•Focus on beginning of an action	
•Focus on an action coming to an end	
Uses of the Imperfect	
•Continuing actions	•Habitual actions
•Ongoing situations	•Age
•Physical or emotional states	•Telling time

a **Un sábado terrible.** El sábado pasado Federico tuvo interrupciones todo el día. ¿Quiénes lo interrumpieron?

MODELO mamá / llamarlo / desayunar
Federico dormía tranquilamente cuando su mamá lo llamó a desayunar.

1. oír / teléfono

____

2. hermanita / colgar / teléfono

____

3. llegar / amiga Susana

____

4. empezar / llover

____

5. hermanita / desenchufar / televisor

____

6. dormirse

____

Nombre________________________ Fecha ____________

b **Dripping Springs Resort.** Al leer esta historia sobre un lugar de recreo en Nuevo México, subraya *(underline)* el verbo correcto en el pretérito o el imperfecto.

En el siglo diecinueve, el coronel Eugene Van Patten (construyó / construía) un centro turístico al pie de los Órganos, las montañas cerca de Las Cruces, Nuevo México. (Fue / Era) impresionante para esos días; (tuvo / tenía) dieciséis habitaciones, un comedor muy grande y una sala para conciertos. Muchas personas famosas (visitaron / visitaban) el lugar. Se dice que hasta Pancho Villa (durmió / dormía) allí una vez.

El coronel (tuvo / tenía) una esposa indígena y muchos indígenas de la región (vivieron / vivían) y (trabajaron / trabajaban) con ellos. A menudo (dieron / daban) bailes para los turistas y todos siempre (se divirtieron / se divertían) muchísimo.

En 1917, el coronel (perdió / perdía) todo su dinero y (tuvo / tenía) que vender su propiedad a un médico de San Francisco. Poco después la esposa del médico (se puso / se ponía) enferma de tuberculosis y el nuevo dueño (decidió / decidía) establecer un sanitorio para personas con esa enfermedad.

c **Una aventura.** Mateo cuenta una aventura que él y su hermana Eva tuvieron al acampar. ¿Qué dicen?

1. ser
2. ir
3. ser
4. armar
5. preparar
6. comer
7. contar
8. hacer
9. decidir
10. descubrir
11. estar
12. ponerse
13. empezar
14. comenzar
15. empezar
16. venir
17. ponernos
18. ver
19. estar

Cuando nosotros (1)__________ niños, nuestra familia siempre (2)__________ a acampar a las montañas Guadalupe a unas cien millas de El Paso. (3)__________ un lugar muy pintoresco. Al llegar, nosotros siempre (4) __________ la carpa y (5)__________ la cena. (6)__________ y (7)__________ cuentos de espantos antes de acostarnos.

Una vez, como (8)__________ muy buen tiempo, mi hermana y yo (9)__________ caminar un rato antes de comer. Después de caminar una hora, (10)__________ que (11)__________ bastante lejos del lugar del campamento. De repente el cielo (12)__________ muy oscuro y (13)__________ a hacer mucho viento. Cuando (14)__________ a llover, yo (15)__________ a llorar y mi hermana tuvo que calmarme. Afortunadamente, papá y mi otra hermana (16)__________ a buscarnos. ¡Qué contentos (17)__________ cuando los (18)__________! Ellos también (19)__________ muy contentos de vernos.

Additional Textbook Exercises: pp. 320–323

6.6 Adjectives: Shortened form

Textbook, p. G95

a **El Club de español.** Muchas personas están hablando de los bailes que presentó el Club de español en el banquete anoche. ¿Qué están diciendo?

MODELO ¿Viste el __________ baile? (primero)
¿Viste el primer baile?

1. Fue un __________ banquete. (grande)
2. José es un __________ guitarrista. (bueno)
3. Fue la __________ fiesta del año. (primero)
4. ¿Sirvieron __________ comida? (bueno)
5. No comí __________ postre, aunque había muchos. (ninguno)
6. Armando fue el __________ bailarín. (tercero)
7. __________ chicas de tu escuela bailaron también. (alguno)
8. Alicia no vino. ¡Qué __________ suerte! (malo)

b **A mediodía.** Estás en la cafetería con un grupo de amigos. ¿Qué comentarios están haciendo?

MODELO Sra. Barrios / ser / muy bueno / profesora
La Sra. Barrios es muy buena profesora.

1. hoy / ser / primero / día que Inés / sentarse con Jorge

   ____

2. Tomás / ser / malo / jugador de básquetbol

   ____

3. nuevo / profesora / ser / tercero / mujer a la izquierda

   ____

4. ¿tener (tú) / alguno / libro / interesante?

   ____

5. Sr. Uribe / ser / grande / entrenador

   ____

6. no haber / ninguno / silla por aquí

   ____

7. yo / ir / jugar en / juegos / olímpico / alguno / día

   ____

8. director / estar comiendo en / cafetería / por / primero / vez

   ____

Additional Textbook Exercises: pp. 323–324

Unidad 7, Lección 1

7.1 *Si* clauses in the present tense

Textbook, p. G96

a **Buenas intenciones.** ¿Qué planes tienes para el verano?

MODELO encontrar un trabajo: ir a México para Navidad
Si encuentro un trabajo, puedo ir a México para Navidad.

1. trabajar: ganar mucho dinero
2. ganar mucho dinero: comprar un carro
3. comprar un carro: salir con mis amigos
4. salir con mis amigos: divertirme mucho
5. divertirme mucho: pasar un buen verano
6. pasar un buen verano: regresar contento(a) a las clases

b **A la universidad.** Pronto vas a la universidad. ¿Qué consejos te dan tus amigos?

EJEMPLO **Si haces la tarea, vas a entender el curso.** Answers may vary.

estudiar	sacar malas notas
asistir a eventos sociales	no dormir bien
hacer muchas preguntas	estar cansado(a)
tomar mucho café	engordar
hacer ejercicio	sacar buenas notas
ver mucha televisión	aprender mucho
comer demasiado	hacer muchos amigos
dormir poco	tener buena salud

1. ______
2. ______
3. ______
4. ______
5. ______
6. ______
7. ______
8. ______

Additional Textbook Exercises: pp. 343–344

7.2 The preposition *por*

Textbook, p. G97

a **A trabajar.** Estos jóvenes trabajan dos horas después de las clases todos los días. Basándote en su pago, ¿cuánto ganan por día, por semana y por mes?

MODELO Yoli gana $4.00 por hora. **Gana $8 por día, $40 por semana y $160 por mes.**

1. Beto gana $3.50 por hora.
2. Mónica y Patricio ganan $5.50 por hora.
3. Gloria gana $5.00 por hora.
4. Diego y Clemente ganan $4.50 por hora.
5. Eloísa gana $3.00 por hora.
6. Rodrigo y Cecilia ganan $6.00 por hora.
7. Sergio gana $4.00 por hora.
8. Adán y Chela ganan $6.50 por hora.
9. Amalia gana $3.75 por hora.
10. Carolina gana $4.25 por hora.

b **A buen precio.** ¿Cuánto pagarías por estas cosas?

$20

EJEMPLO **Pagaría veinte dólares por el reloj.**

1. $2.000

2. $75

3. $25

4. $15

5. $150

6. $20

7. $5.000

8. $100.000

Nombre ______________________ Fecha ____________

c **¿Qué me dio?** Intercambiaste muchas cosas con tus amigos. ¿Qué recibiste?

MODELO Lucas: radio (video) **Lucas me dio su radio por mi video.**

1. Gustavo: linterna (raqueta de tenis)
2. Julia: jaula y ratoncito (serpiente)
3. Gerardo y Soledad: juego de damas (disco compacto)
4. Valentín: esquíes (guitarra)
5. Norma y Leticia: collares (pulseras)
6. Rosario: aretes (bolígrafos)

ch **Muchas mudanzas.** Felipe ha vivido en mucho lugares. Según él, ¿cuánto tiempo vivió en cada lugar?

MODELO París: 6 meses **Viví en París por seis meses.**

1. Londres: 1 año
2. Buenos Aires: 4 meses
3. Moscú: 3 años
4. Santo Domingo: 2 años
5. Roma: 10 meses
6. Caracas: 4 años
7. Los Ángeles: 1 mes
8. Madrid: 2 años

d **Empleos.** Josefa y sus amigos están hablando de sus empleos. ¿Qué dicen?

MODELO tú / ganar nueve dólares / hora, ¿no?
Tú ganas nueve dólares por hora, ¿no?

1. René sólo / poder trabajar dos días / semana
2. Juancho y Luis / tener que trabajar ocho horas / día en verano
3. Maricarmen / no tener que pagar / su comida
4. Gustavo y yo / ganar doce dólares / hora
5. Berta y Ernesto / preferir trabajar / la noche

Additional Textbook Exercises: pp. 344–346

Unidad 7, Lección 2

7.3 Present subjunctive: *Quizás, tal vez*

Textbook, p. G99

a **Nueva escuela.** Aurora está preocupada porque va a una nueva escuela y tiene muchas dudas. ¿Qué le dices para calmarla?

MODELO Probablemente los profesores no son simpáticos. **Quizás sean simpáticos.**

1. Probablemente no dan exámenes fáciles.
2. Probablemente no tienen buen equipo de fútbol.
3. Probablemente no hay clase de arte.
4. Probablemente la comida no es buena.
5. Probablemente la banda no toca bien.
6. Probablemente no hacen buenas fiestas.
7. Probablemente no hay biblioteca.
8. Probablemente no tienen Club de español.

Additional Textbook Exercises: pp. 360–361

b **Excusas.** Nadie quiere asistir a la primera reunión de un nuevo club. ¿Qué excusas dan?

MODELO visitar a mis abuelos **No puedo porque tal vez visite a mis abuelos.**

1. tener que trabajar (yo)
2. llamar a mi novio(a)
3. haber un programa importante en la tele
4. llegar mis tíos
5. tener que estudiar (yo)
6. ir de compras (mi mamá y yo)

7.4 Present subjunctive: Adjective clauses

Textbook, p. G100

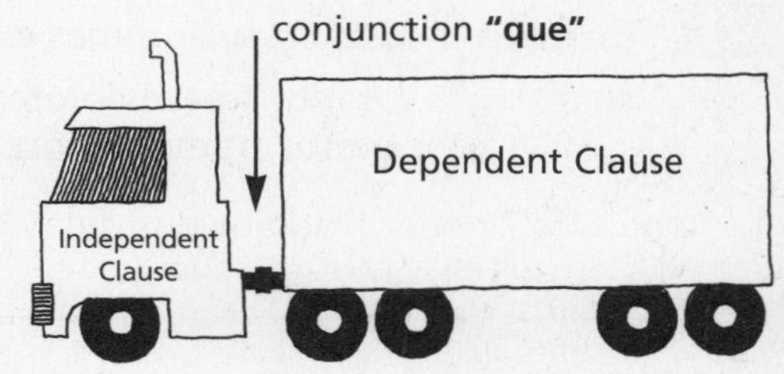

a **Mi carro.** Jacobo quiere comprarse un carro. ¿Cómo describe el carro de sus sueños?

MODELO ser bonito **Quiero un carro que sea bonito.**

1. andar bien
2. no costarme mucho
3. ser nuevo
4. tener radio
5. llevarme a todas partes
6. correr rápido
7. usar poca gasolina
8. tener garantía

Nombre________________________ Fecha ______________

b **Nueva ropa.** Carmen y Luci andan de compras. ¿Hablan de lo que encuentran o de lo que buscan? Basándote en el dibujo, subraya *(underline)* el comentario más apropiado.

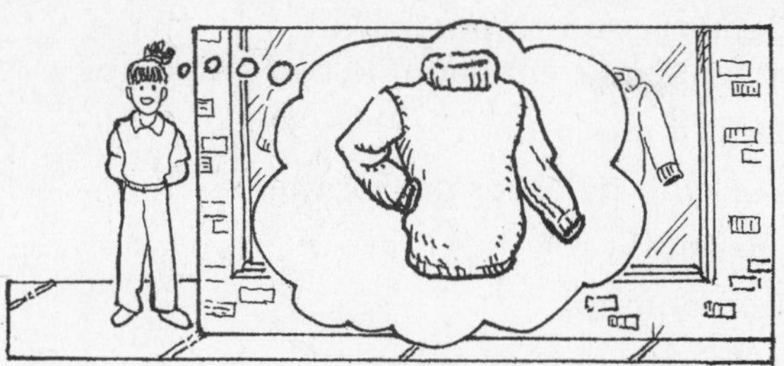

MODELO a. Allí hay un suéter que combina con mis pantalones.

b. Busco un suéter que combine con mis pantalones.

1. a. Quiero una camiseta que tenga un dibujo bonito.

   b. Veo una camiseta que tiene un dibujo bonito.

2. a. Quiero un vestido que pueda llevar a la fiesta.

   b. Allí hay un vestido que puedo llevar a la fiesta.

3. a. Necesito unas botas que sean bastante altas.

   b. Ya tengo unas botas que son bastante altas.

4. a. Veo una blusa que le va a gustar a mi mamá.

   b. Busco una blusa que le guste a mi mamá.

5. a. Me probé una falda que me llega a las rodillas.

   b. No veo ninguna falda que me llegue a las rodillas.

6. a. Necesito unos zapatos que sirvan para jugar tenis.

   b. Compré unos zapatos que sirven para jugar tenis.

C **Empleados.** Los jefes están hablando de los empleados y personas que solicitan trabajo. ¿Hablan de personas que ya conocen o que no conocen? Subraya el verbo apropiado.

MODELO No encuentro a nadie que (entiende, entienda) esta computadora.
Hay un empleado en el segundo piso que (entiende, entienda) la computadora.

1. Solicitamos una persona que (sabe, sepa) escribir a máquina.
2. Tenemos una secretaria que (escribe, escriba) sesenta palabras por minuto.
3. Conozco a alguien que (busca, busque) trabajo aquí.
4. No hay nadie que (puede, pueda) reparar esta máquina.
5. Buscamos a dos camareros que (pueden, puedan) trabajar de noche.
6. Necesito un joven que (conoce, conozca) bien la ciudad.
7. Encontré a alguien que (es, sea) muy responsable.
8. Quiero emplear a un reportero que (escribe, escriba) bien.
9. Hay un director que (sabe, sepa) hablar japonés en el tercer piso.
10. Tenemos empleados que (llegan, lleguen) puntualmente a la hora del trabajo.

CH **Querido Adolfo.** Homero acaba de mudarse a una nueva ciudad. ¿Qué le cuenta a su amigo?

Querido Adolfo:

¿Cómo estás? Estoy bastante contento aunque ahora vivo en una ciudad que no ____________ *(conocer)* muy bien. No hay autobuses que ____________ *(pasar)* cerca de mi casa pero sí hay un metro que ____________ *(ir)* a muchas partes. Todavía hay mucho que hacer. Por ejemplo, necesitamos encontrar una escuela que ____________ *(quedar)* cerca de la casa para mis hermanos. Yo quiero un carro que ____________ *(poder)* usar para ir a mi secundaria y también buscamos a una persona que le ____________ *(ayudar)* a mi mamá con los quehaceres. Pero por lo general, todo va bien. A propósito, ayer conocí a una joven que ____________ *(vivir)* cerca y que ____________ *(ser)* muy guapa. Prometió enseñarme la ciudad. ¿Qué te parece?

Te escribo más la semana que viene.

Tu amigo,

Homero

Additional Textbook Exercises: pp. 361–363

Unidad 7, Lección 3

7.5 The impersonal *se*

Textbook, p. G103

a **Multilingüe.** ¿Dónde se hablan estas lenguas?

MODELO **En Francia se habla francés.**

Brasil	japonés
Inglaterra	chino
Alemania	ruso
Puerto Rico	italiano
China	portugués
Italia	francés
Japón	español
Rusia	inglés
Francia	alemán

1. ______________________
2. ______________________
3. ______________________
4. ______________________
5. ______________________
6. ______________________
7. ______________________
8. ______________________
9. ______________________

b **¡Es diferente!** Carmen vive en El Paso pero acaba de regresar de un viaje a España. ¿Cómo describe la vida española?

MODELO *Hablan* español con otro acento.
Se habla español con otro acento.

Por la mañana (*desayunan*) ______________ y (*van*) ______________ al trabajo o a la escuela. (*Regresan*) ______________ a casa a almorzar a las dos. Después de almorzar, (*toman*) ______________ una siesta y (*vuelven*) ______________ al trabajo. De noche, (*pasean*) ______________ en las calles. (*Cenan*) ______________ muy tarde y a veces (*salen*) ______________ a ver una película después.

c **Anuncios.** Estás leyendo los anuncios clasificados. ¿Qué dicen?

MODELO ofrecer sueldos atractivos **Se ofrecen sueldos atractivos.**

1. buscar mecánico
____
2. requerir personas con experiencia
____
3. necesitar camareros
____
4. solicitar cajero
____
5. ofrecer entrenamiento gratis
____
6. solicitar dos secretarios bilingües
____
7. buscar operadores de teléfono
____
8. necesitar vendedora de ropa femenina
____

ch **Letreros.** Al pasear por la ciudad, ves estos letreros *(signs)*. ¿Qué dicen?

MODELO alquilar / televisores
Se alquilan televisores.

1. reparar / zapatos ______
2. comprar / neveras usadas ______
3. solicitar / pintor de casa ______
4. hablar / inglés ______
5. vender / uniformes escolares ______
6. prohibir / fumar ______
7. vender / computadora casi nueva ______
8. alquilar / muebles ______

Additional Textbook Exercises: pp. 376–377

7.6 The preposition *para*

Textbook, p. G104

a **¿Para qué?** ¿Para qué sirven estas cosas?

MODELO **Las bebidas son para beber.**

la comida	acampar
los libros	beber
la música	cantar
los videos	leer
la carpa	dormir
las canciones	comer
la guitarra	ver
la cama	escuchar
las bebidas	tocar

1. ______
2. ______
3. ______
4. ______
5. ______
6. ______
7. ______
8. ______
9. ______

b **Consejos.** Clara Consejera tiene estos consejos para su público.

MODELO dormir mejor / evitar el café **Para dormir mejor hay que evitar el café.**

1. perder peso / comer menos ______
2. no estar cansado / dormir más ______
3. tener más energía / hacer ejercicio ______
4. aumentar de peso / comer más ______
5. divertirse / salir de casa ______
6. no estar aburrido / ver una película ______
7. ganar amigos / ser una persona simpática ______
8. sacar buenas notas / hacer la tarea ______

c **¿Para mí?** En una celebración familiar, todos van a intercambiar regalos. Según Alejandro, ¿para quién(es) son estos regalos?

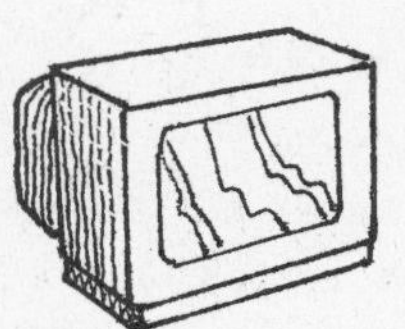

abuelos

MODELO **El televisor es para mis abuelos.**

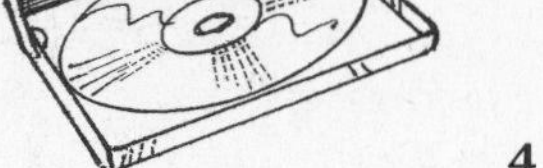

1. hermano

____

____

2. tía Estela

____

____

3. mamá

____

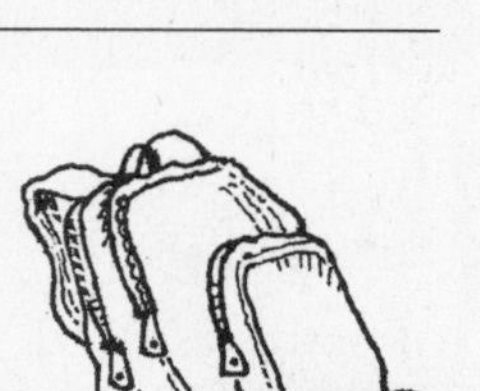

4. hermana

____

____

5. yo

____

____

6. papá

____

7. tío Ernesto

____

____

8. padres

____

____

ch **Empleos.** Leonor y sus amigos están hablando de sus trabajos. ¿Qué dicen?

MODELO tú / trabajar / la tienda de música, ¿no? **Tú trabajas para la tienda de música, ¿no?**

1. yo / trabajar / el periódico

____

2. Magda y Enrique / limpiar casas / ganar dinero

____

____

3. Manolo / trabajar / su tío

____

4. Cecilia y yo / cortar el césped / los vecinos

____

5. Adela y Andrés / preferir trabajar / un restaurante

____

____

6. tú / trabajar / en un campamento / ganar dinero en el verano

____

____

7. yo / ahorrar dinero / comprar un carro

____

d **Anuncio.** Encontraste este anuncio en el periódico. ¿Qué dice? Complétalo con **para, por** o **si.**

__________ usted necesita trabajo, no busque más. Venga a trabajar __________ el periódico *El Diario.* Tenemos puestos __________ personas de todas edades y pagamos de $8 a $15 __________ hora. __________ usted trabaja de noche, puede ganar más. __________ pedir una solicitud, llame al 555-4825 o solicite en persona __________ la mañana entre las 8 y las 12.

Additional Textbook Exercises: pp. 377–378

Unidad 8, Lección 1

8.1 The future tense: Regular forms

Textbook, p. G107

Future Tense Verb Endings

yo	-é
tú	______
usted, él, ella	______
nosotros(as)	______
vosotros(as)	éis
ustedes, ellos, ellas	______

a **Dormilones.** Los jóvenes siempre duermen mucho más en el verano. ¿Cuántas horas dormirán tú y tus amigos cada noche?

MODELO Noé: 12 **Mi amigo Noé dormirá doce horas.**

	nadar	correr	dormir
yo	nadaré	______	______
tú	______	______	______
usted, él, ella	______	______	______
nosotros(as	______	______	______
vosotros(as)	nadaréis	correréis	dormiréis
ustedes, ellos, ellas	______	______	______

1. Beatriz: 9
______
______
2. yo: 10
______
______
3. Memo y Beto: 14
______
______
4. tú: 11
______
5. nosotros: 9
______
6. Yoli y Raquel: 12
______
______
7. Víctor: 10
______
8. ustedes: 13
______

b **La semana que viene.** Raquel dice que la rutina diaria de ella y sus amigos es muy similar. Según Raquel, ¿qué van a hacer ella y sus amigos la semana que viene?

MODELO Diana comió en un restaurante italiano la semana pasada.
La semana que viene, Diana comerá en un restaurante italiano.

1. Javier y Vicente leyeron una buena novela la semana pasada.
______
2. Yo jugué volibol tres veces la semana pasada.
______
3. Ustedes fueron de compras la semana pasada.
______
4. Tomasa compró una camiseta nueva la semana pasada.
______
5. Tú alquilaste un video la semana pasada.
______
6. Pablo y yo asistimos a un concierto la semana pasada.
______
7. Marcos y Marisela pidieron una pizza la semana pasada.
______
8. Usted vio una película nueva la semana pasada.
______

Nombre ______________________ Fecha ______________

C **Planes.** ¿Qué planes tiene la familia de Eva para el sábado, según ella?

Abuelita

MODELO **Abuelita escribirá cartas.**

3. yo

6. Amanda y yo

1. Mamá

4. Abuelito

7. mi hermano y su novia

2. mis hermanitos

5. tía Gloria y Mamá

8. Papá

ch **Resoluciones** A fines de año, todo el mundo hace resoluciones personales. ¿Cómo piensas cambiar tu vida y qué piensan hacer estas personas?

MODELO perder peso (Paulina)
Paulina perderá peso.

1. practicar más deportes (ustedes)
2. comer comida más nutritiva (Guillermo)
3. nadar todos los días (yo)
4. aprender karate (Paquita)
5. aprender a tocar la guitarra (tú)
6. evitar los dulces (nosotras)
7. seguir una dieta para adelgazar (Lorenzo y Verónica)
8. leer más (todos)

Additional Textbook Exercises: pp. 397–398

8.2 The future tense: Irregular forms

Textbook, p. G109

Future tense: irregular forms		
poner	**pondr-**	pondré, pondrás, pondrá, pondremos, pondrán
salir	**saldr-**	
tener	**tendr-**	
venir	**vendr-**	
decir	**dir-**	
hacer	**har-**	
haber	**habr-**	
poder	**podr-**	
querer	**querr-**	
saber	**sabr-**	

a **Encuesta.** Algunas personas quieren eliminar los deportes en tu escuela. Hoy va a haber una encuesta para ver cuál es la opinión de la mayoría. ¿Qué crees que dirán estas personas en la encuesta?

MODELO el (la) profesor(a) de arte
El (La) profesor(a) de arte dirá que no. o **El (La) profesor(a) de arte dirá que sí.**

1. los entrenadores
2. los miembros de la banda
3. yo
4. el (la) director(a)
5. los atletas
6. el (la) consejero(a)
7. el (la) entrenador(a)
8. tus amigos

b **¡Qué lástima!** Habrá muchos eventos especiales este fin de semana. ¿Por qué no irán estas personas?

MODELO Habrá un concierto de rock. (Felisa / estudiar)
Felisa no podrá ir porque tendrá que estudiar.

1. Habrá un partido de béisbol. (César / lavar el carro)
2. Habrá una fiesta. (yo / limpiar la casa)
3. Habrá una película especial. (Adriana / trabajar)
4. Habrá un banquete. (tú / ayudar a tu mamá)
5. Habrá una excursión. (nosotros / hacer la tarea)
6. Habrá una exhibición de arte. (Manuel y Bárbara / escribir una composición)
7. Habrá un concierto de rock. (Rolando / practicar el saxofón)
8. Habrá un baile. (Sandra / cuidar a los niños)

¡DIME! DOS **Nombre** ______________________ **Fecha** ______________

C **¡Haré tacos!** El Club de español va a servir una comida mexicana y todos van a ayudar a preparar la comida. ¿Qué van a hacer estas personas?

MODELO tú: los nachos **Tú harás los nachos.**

1. nosotros: el ponche
2. el profesor: las enchiladas
3. Diana y León: los tacos
4. yo: los frijoles
5. Édgar: la ensalada
6. ustedes: la salsa
7. Nilda: las tortillas
8. Tina y Esteban: el postre
9. la directora: el arroz
10. Alfredo: el pastel

ch **El año 2050.** ¿Qué predicciones tienes para el año 2050?

MODELO haber / casas / otros planetas
Habrá casas en otros planetas. o **No habrá casas en otros planetas.**

1. nosotros / saber / el origen / universo
2. médicos / descubrir / cura para el cáncer
3. carros / poder andar sin gasolina
4. criaturas / otro / planetas / venir a visitarnos
5. nosotros / hacer viajes / otro / planetas
6. mucho / personas / vivir / la luna
7. estudiantes / tener / menos exámenes
8. medio ambiente / ser / menos contaminado

Additional Textbook Exercises: pp. 398–399

Unidad 8, Lección 2

Textbook, p. G111

8.3 The conditional: Regular and irregular verbs

Conditional Verb Endings	
yo	-ía
tú	______
usted, él, ella	______
nosotros(as)	______
vosotros(as)	-íais
ustedes, ellos, ellas	______

a **¡Millonarios!** Todos están hablando de lo que comprarían con un millón de dólares. ¿Qué dicen?

MODELO nosotros: un yate
Nosotros compraríamos un yate.

1. Gregorio: una casa en las montañas

______

2. Leticia y Matías: un carro nuevo

______

3. Nati: un avión

______

4. tú: una computadora

______

5. Rodrigo: un restaurante

______

6. yo: una motocicleta

______

7. todos nosotros: mucha ropa nueva

______

8. Constanza: joyas elegantes

______

	llevar	ser	conducir
yo	llevaría	______	______
tú	______	______	______
usted, él, ella	______	______	______
nosotros(as)	______	______	______
vosotros(as)	llevaríais	seríais	conduciríais
ustedes, ellos, ellas	______	______	______

Irregular verb stems		
poner	pondr-	pondría pondrías, pondría, pondríamos, pondrían
salir	saldr-	______
tener	tendr-	______
venir	vendr-	______
decir	dir-	______
hacer	har-	______
haber	habr-	______
poder	podr-	______
querer	querr-	______
saber	sabr-	______

b **Si yo fuera Tobías...** Tobías siempre recibe muy malas notas. Si tú fueras Tobías, ¿qué harías para recibir buenas notas?

MODELO hacer la tarea **Si yo fuera Tobías, haría la tarea.**

1. estudiar más ______
2. hablar con el (la) profesor(a) ______
3. pasar más tiempo en la biblioteca ______
4. no salir tanto ______
5. leer las lecciones con cuidado ______
6. no ver mucha televisión ______
7. hacer muchas preguntas ______
8. poner más atención a los detalles ______

¡DIME! DOS **Nombre**______________________ **Fecha** ______________

Additional Textbook Exercises: pp. 415–416

c **El mundo ideal.** En tu opinión, ¿cómo sería el mundo ideal?

MODELO haber (mucha / poca) comida para todos. **Habría mucha comida para todos.**

1. todos saber (una / varias) lengua(s)
2. la gente pobre tener (más / menos) dinero
3. haber (poca / mucha) contaminación
4. todos ser (amigos / enemigos)
5. la gente poder viajar (más / menos)
6. haber (más / menos) problemas de salud
7. siempre hacer (buen / mal) tiempo
8. todos querer vivir en (paz / guerra)

8.4 *Repaso: Tú* and *usted/ustedes* commands

Textbook, p. G113

Commands

INFINITIVE	YO FORM	NEGATIVE *TÚ* COMMAND
escuchar	escuchø	no escuches
decir	______	______
dormir	______	______

INFINITIVE	NEGATIVE *TÚ* COMMAND
dar	**no des**
estar	______
ir	______
ser	______

INFINITIVE	*USTED* COMMAND	*USTEDES* COMMAND
dar	**dé**	**den**
estar	______	______
ir	______	______
ser	______	______

a **A las montañas.** Raquelita va a acampar a las montañas con otra familia. ¿Qué le dice su mamá?

MODELO llevar ropa elegante
Lleva ropa elegante. o
No lleves ropa elegante.

1. empacar tu saco de dormir
2. olvidar tu chaqueta
3. hacer lo que te dicen
4. ser bueno
5. comer la comida que te sirvan
6. salir sola del campamento
7. dormir cerca del fuego
8. tener cuidado

b **¿Cómo llego?** Un turista quiere visitar el museo y te pide direcciones. ¿Qué le dices?

MODELO seguir derecho dos cuadras
Siga derecho dos cuadras.

1. doblar a la izquierda en la calle Segovia
2. caminar dos cuadras más
3. no doblar en la primera esquina
4. cruzar la calle
5. ahora doblar a la derecha
6. caminar una cuadra y media
7. no pasar la iglesia
8. entrar en el museo al lado de la iglesia

C **En el campamento.** Tú trabajas de consejero(a) en un campamento de verano. Ahora tienes que explicar la rutina diaria a tu grupo de niños. ¿Qué les dices?

MODELO 6:30
Despiértense a las seis y media.

1. 6:45

____

2. 6:50

____

3. 7:00

____

4. 7:15

____

5. 7:45

____

6. 8:30

____

7. 2:30

____

8. 9:30

____

Nombre ______________________ Fecha __________

ch **Hoy en la oficina.** Tú eres el (la) jefe(a) de una oficina y tienes que darle instrucciones a tu secretario(a). ¿Cómo respondes a sus preguntas?

Additional Textbook Exercises: pp. 416–417

MODELO ¿Preparo el café?
Sí, prepárelo ahora. o **No, no lo prepare todavía.**
¿Le escribo la carta al señor Carrión?
Sí, escríbasela ahora. o **No, no se la escriba todavía.**

1. ¿Preparo el informe?
2. ¿Llamo al cliente?
3. ¿Le sirvo café al cliente?
4. ¿Le enseño la presentación al cliente?
5. ¿Les traigo el nuevo producto a ustedes?
6. ¿Le doy la lista de los precios al cliente?
7. ¿Pido el almuerzo?
8. ¿Les sirvo el almuerzo?

8.5 *Repaso*: Present subjunctive—doubt, persuasion, anticipation and reaction

Present subjunctive: Irregular Verbs

	dar	estar	ir	saber	ser	ver
yo	dé					
tú						
usted, él, ella						
nosotros(as)						
vosotros(as)	deis	estéis	vayáis	sepáis	seáis	veáis
ustedes, ellos, ellas						

a **Lo dudo.** Carmelita siempre tiene dudas. ¿Qué dice cuando oye estos comentarios?

EJEMPLO Habrá un examen difícil mañana. **Dudo que el examen de mañana sea difícil.**

Textbook, p. G116

1. Ganaremos el campeonato de golf.
2. La familia Pérez irá al Japón este verano.
3. Los profesores calificarán exámenes esta noche.
4. Tendremos una película en la clase de historia.
5. Nos darán refrescos en la clase de español.
6. Habrá una fiesta chévere el sábado.
7. Marta y Ricardo jugarán tenis esta tarde.
8. Todos recibiremos una *A* en la clase de español.

b **Sociología.** Un estudiante universitario está haciendo una encuesta para su clase de sociología. Quiere que tú reacciones a estos comentarios usando una de las siguientes expresiones: **Es dudoso que..., Creo / No creo que..., Es cierto que...**

EJEMPLO Los profesores califican exámenes todos los días.
No creo que los profesores califiquen exámenes todos los días.
Es cierto que los profesores califican exámenes todos los días.

1. Los padres saben mucho más que los hijos.

____

2. El (La) primer(a) hijo(a) es más inteligente.

____

3. Los hombres hablan más que las mujeres.

____

4. Hay poca contaminación en el planeta Tierra.

____

5. Necesitamos mejor transporte público en nuestras ciudades.

____

6. Los perros son los mejores amigos de los seres humanos.

____

7. Debemos ayudar a los habitantes de otros países.

____

8. Las clases de español son las más interesantes.

____

c **¡Desastre!** ¿Qué haces tú cuando tienes un problema verdaderamente serio? Para saber lo que hace esta joven, completa la carta que le escribió a Clara Consejera.

Querida Clara Consejera,

Espero que usted me ________________ *(poder)* ayudar con mi problema. Estoy muy preocupada porque mis padres salieron de la ciudad y yo choqué su carro contra un árbol. Es probable que ellos ________________ *(regresar)* la semana que viene y tengo miedo de que ________________ *(ir)* a estar furiosos conmigo. Es terrible que yo no ________________ *(tener)* dinero para arreglarlo pero soy muy pobre. ¿Qué debo hacer? ¿Es mejor que les ________________ *(decir)* la verdad inmediatamente o es preferible que ________________ *(esperar)* hasta que vean el carro? ¡Aconséjeme, por favor!

Es triste que mis padres ________________ *(tener)* que encontrar tan malas noticias al regresar de su viaje, pero me alegro de que ________________ *(haber)* personas como usted para aconsejarme.

Triste y desesperada

ch **Nuestro club.** Según Luisita, ¿qué recomiendan todos para el Club de español para este verano?

MODELO los hermanos Quintana / preferir que / el Club de español / ser más activo
Los hermanos Quintana prefieren que el Club de español sea más activo.

1. yo / sugerir que / el Club de español / hacer un viaje a México

____

2. los estudiantes de francés / pedir que / (nosotros) ir a Europa con ellos

____

3. la profesora / insistir en que / (nosotros) trabajar para ganar el dinero

____

4. nosotros / preferir que / nuestro / padres / pagar el viaje

____

5. los padres / querer que / (nosotros) vender dulces en la escuela

____

6. el director / recomendar que / el Club / lavar coches

____

7. tú / aconsejar que / (nosotros) esperar otro año

____

8. los estudiantes del cuarto año / insistir en que / (nosotros) viajar este año

____

Additional Textbook Exercises: pp. 418–420

Unidad 8, Lección 3

8.6 *Repaso:* Preterite and imperfect

Textbook, p. G119

Preterite
- •Completed actions: single action or series of actions
- •Focus on beginning of an action
- •Focus on an action coming to an end

Imperfect
- •Continuing actions
- •Ongoing situations
- •Physical or emotional states
- •Habitual actions
- •Age (with *tener*)
- •Telling time

a **¡Que vergüenza!** Completa la carta que Xavier le mandó a Narciso para saber cómo él pasó las vacaciones el verano pasado. Subraya la forma del verbo correcta.

Querido Narciso:

¿Cómo estás? Tengo muchas ganas de verte otra vez y pasar el verano juntos. (Nos divertimos, Nos divertíamos) tanto el verano pasado. ¿Recuerdas como cada día (fuimos, íbamos) a la playa y (nadamos, nadábamos) en el océano y (charlamos, charlábamos) con las chicas bonitas?

¿Recuerdas a Diana? ¿Recuerdas esa noche cuando por fin (salí, salía) con ella?—después de invitarla tantas veces. (Fuimos, Íbamos) al restaurante más elegante de la ciudad. ¡Qué noche! Diana (tuvo, tenía) mucha hambre y (pidió, pedía) el plato más caro de toda la carta. Entonces yo (decidí, decidía) pedir el plato más barato.

Mientras (comimos, comíamos) ella y yo (conversamos, conversábamos) sobre los amigos y nuestros pasatiempos favoritos. La conversación (fue, era) tan interesante que yo no (presté, prestaba) atención a lo que (hice, hacía). De repente derramé la sopa y (sentí, sentía) algo caliente sobre mis piernas. ¡Qué vergüenza! (Tuve, Tenía) que regresar a casa sin siquiera bailar con Diana. Quizás este año…

Hasta pronto, mi amigo. ¡Que vengan pronto las vacaciones!

Tu amigo,

Xavier

b. La Cenicienta. ¿Recuerdas este cuento de hadas? Cuenta la primera parte.

Había una vez una joven muy bella que *(llamarse)* __________________ Cenicienta. *(Vivir)* __________________ con su madrastra y sus dos hermanastras. Todas la *(tratar)* __________________ muy cruelmente. Cenicienta siempre *(tener)* __________________ muchos quehaceres y no *(poder)* __________________ salir como sus hermanastras. Un día, la familia *(recibir)* __________________ una invitación muy importante. El rey *(ir)* __________________ a tener un baile grande para encontrar una esposa para su hijo. Todas *(estar)* __________________ muy emocionadas, incluso Cenicienta. Pero su madrastra le *(decir)* __________________ que sólo las dos hermanastras *(poder)* __________________ asistir al baile con ella. Y así *(pasar)*__________________.

Cuando *(salir)* __________________ las tres mujeres muy elegantemente vestidas, Cenicienta *(empezar)* __________________ a llorar y llorar. De repente *(aparecer)* __________________ su hada madrina y le *(decir)* __________________, "No llores. Tú también vas a ir". En un momento, el hada madrina *(cambiar)* __________________ el viejo y feo vestido de Cenicienta en un vestido largo y bellísimo. Y le *(dar)* __________________ unos zapatos preciosos de cristal. También *(cambiar)* __________________ la calabaza del jardín en un elegante coche de caballos. Cenicienta *(estar)* __________________ contentísima. "Ya estás lista, niña", *(decir)* __________________ el hada madrina, "pero recuerda que tienes que volver a casa antes de la medianoche".

c **¡Qué memoria!** ¿Tienes una buena memoria? ¿Cuánto recuerdas del cuento *"El león y las pulgas"*? Completa la siguiente reconstrucción del cuento.

Additional Textbook Exercises: pp. 432–434

VOCABULARIO ÚTIL establecerse, tener, querer, estar, ser, proclamar, empezar, vencer, sentir, perder, picar, matar

1. Los animales de la selva africana ______________ al león "rey de todos los animales".
2. Desafortunadamente, el león también ______________ orgulloso y tiránico.
3. En efecto, todos los animales ______________ miedo de su monarca.
4. Las pulgas no ______________ ni miedo ni respeto por el rey, ni por ningún otro animal.
5. Las pulgas ______________ mostrarles a todos los demás animales que ellas ______________ más poderosas que el león.
6. Con esta idea ______________ en el lustroso y elegante pelaje dorado del león.
7. Pronto la pequeña colonia ______________ a crecer rápidamente.
8. Las pulgas ______________ tanto al león que éste acabó por morirse.
9. Las pulgas ______________ una gran fiesta para celebrar la muerte del león.
10. Desgraciadamente, al matar al león, las pulgas ______________ la fuente de su alimentación.

8.7 *Repaso: Quizás* and *tal vez*

Textbook, p. G116

a **El fin de semana.** El abuelito de Gloria quiere saber qué van a hacer todos este fin de semana. ¿Qué le dice Gloria?

Felipe

MODELO **Quizás Felipe vaya de compras.**

1. Mamá ______________________

2. yo ______________________

3. Papá ______________________

4. mi hermanito ______________________

5. mis padres ______________________

6. Felipe y yo ______________________
____

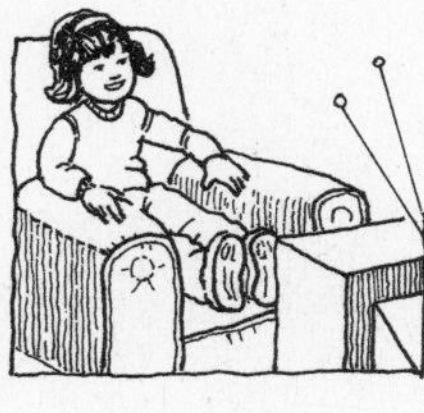

7. mi hermanita ______________________
____

8. mis hermanitos ______________________
____

b **¡Qué imaginación!** Tu hermanito(a) tiene una imaginación muy activa. ¿Cómo reaccionas a sus comentarios sobre la vida en otro planeta?

MODELO Probablemente los habitantes tienen tres brazos.
Tal vez tengan tres brazos.

1. Probablemente el césped es azul.

2. Probablemente los habitantes comen aire.

3. Probablemente viven en los árboles.

4. Probablemente hace 200 grados durante el verano.

5. Probablemente nieva todo el invierno.

6. Probablemente los habitantes tienen dos narices.

7. Probablemente hay pocos animales.

8. Probablemente nadie bebe agua.

Additional Textbook Exercises: pp. 435